Werner Hartmann, Alois Hundertpfund

Digitale Kompetenz

Was die Schule dazu beitragen kann

W0172016

der bildungsverlag

der bildungsverlag
www.hep-verlag.com

Werner Hartmann, Alois Hundertpfund
Digitale Kompetenz
Was die Schule dazu beitragen kann
ISBN Print: 978-3-0355-0311-1
ISBN E-Book: 978-3-0355-0372-2

Bibliografische Information der Deutschen Nationalbibliothek:
Die Deutsche Nationalbibliothek verzeichnet diese Publikation
in der Deutschen Nationalbibliografie; detaillierte bibliografische
Daten sind im Internet über http://dnb.dnb.de abrufbar.

1. Auflage 2015

www.hep-verlag.com

Zusatzmaterialien und -angebote zu diesem Buch:
www.digitalekompetenz.ch

Einleitung

Ein großer Teil unserer Kommunikation erfolgt digital. Wir verbringen täglich mehrere Stunden online und nutzen Smartphones, Computer, Tablets und selbst den Fernseher, um mit anderen Leuten zu kommunizieren. Die Internetnutzung erfolgt vorwiegend über mobile Geräte; wir haben das Internet buchstäblich in der Hosentasche. Bilder, Bücher, Musik und Videos konsumieren wir über Online-Plattformen direkt aus dem Netz. Viele Einkäufe oder das Buchen von Ferien erfolgen über das Internet. Dabei spielen soziale Netzwerke, Newsletter und Vergleichsdienste neben herkömmlichen Marketingkanälen wie etwa Printmedien oder Fernsehen eine wichtige Rolle. Kurz: Die digitalen Medien haben in den letzten Jahren unser Leben mit rasanter Geschwindigkeit verändert. Und noch ist kein Ende der Entwicklung absehbar: 3-D-Drucker, simultane Sprachübersetzung, intelligente Roboter oder selbstfahrende Autos sind nur Beispiele für die weitere Entwicklung, angetrieben durch die Digitalisierung.

Der Übergang von der Buch- zur Informationsgesellschaft macht vor der Schule nicht Halt. Früher lag ein Schwerpunkt ihrer Aufgaben auf der Bereitstellung und Vermittlung von Wissen durch die Lehrpersonen an die Schülerinnen und Schüler. Schulen und Bibliotheken waren Orte, an denen Informationen und Wissen zentral gesammelt und zugänglich gemacht wurden. Diese Rolle wird angesichts der heute im Internet zur Verfügung stehenden riesigen Datenmengen immer mehr obsolet. Die Lernenden haben fast jederzeit und überall Zugriff auf die »weltweite Bibliothek«. Sie tragen die Bibliothek quasi unter dem Arm mit sich und der Kopf kann beziehungsweise könnte von der aufwendigen Arbeit des Wissenserwerbs entlastet werden.

Informationsdienste wie Google und Online-Enzyklopädien wie Wikipedia erschließen uns ein Vielfaches von dem, was Schulen und Bibliotheken zu leisten vermögen, und sie sind zudem noch aktueller. Die reine Zugriffsmöglichkeit auf die gigantischen Datenmengen ist allerdings nur die Voraussetzung für das, was man unter Bildung oder Ausbildung verstehen kann. Der Grundauftrag der Schule ist gleich geblieben. Sie wählt Wissensbestände aus, sortiert und selektiert die Inhalte. Außerdem fördert sie die Entwicklung der Schülerinnen und Schüler zu selbstständigen und verantwortungsvollen Persönlichkeiten.

Der einfache Zugriff auf die »weltweite Bibliothek« hat auch das Rollenbild der Lehrerinnen und Lehrer verändert. In den Mittelpunkt rückt zunehmend der Umgang mit Konzepten, Strukturen und Zusammenhängen. Dieser Wandel verunsichert viele Lehrpersonen. Wie viel Faktenwissen braucht jemand, um alltägliche Tätigkeiten ohne großen Aufwand erledigen zu können? Wie viel Anwender- und Konzeptwissen braucht es, um Informationsdienste wie Google und Wikipedia erfolgreich zu nutzen? Wie stark sollen die technologischen Entwicklungen im Unterricht Eingang finden? Führt die Digitalisierung, verbunden mit der ständigen Erreichbarkeit und der permanenten Informationsberieselung, nicht zur Ablenkung der Lernenden? Habe ich als Lehrperson überhaupt eine Chance, mit der rasanten Entwicklung Schritt zu halten?

Bei diesen Fragen setzt das vorliegende Buch an. Wir wollen Lehrerinnen und Lehrern Unterstützung bei ihrer Arbeit in einem digitalen Umfeld bieten. Die Schule bereitet junge Menschen auf die Zukunft vor. An diese Aufgabe darf sie nicht mit den Werkzeugen der Vergangenheit herangehen. Das Buch soll Mut machen, eine aktive Rolle einzunehmen, indem es aufzeigt, dass grundlegende Konzepte sowohl im Umgang mit Informationen und Wissen als auch beim Kommunizieren und beim Kooperieren in einer digital geprägten Gesellschaft weiterhin gültig sind. Wir sind davon überzeugt, dass die Schule in einer guten Ausgangslage ist, wenn es darum geht, die gesellschaftlichen Entwicklungen frühzeitig aufzunehmen. Wie kaum eine andere Institution steht sie Tag für Tag in engem Kontakt mit der heranwachsenden Generation und hat so die Chance und den Auftrag, die künftige Gesellschaft aktiv mitzugestalten.

An wen richtet sich das Buch?

Das Buch richtet sich in erster Linie an Lehrpersonen an Berufsfachschulen und Gymnasien. Viele Inhalte richten sich aber auch an Verantwortliche auf der Ebene Schulleitung und Bildungspolitik. Wir gehen davon aus, dass die Leserinnen und Leser den digitalen Medien und deren Einsatz im Unterricht offen, aber nicht unbedingt euphorisch gegenüberstehen. Wir richten uns also an Leserinnen und Leser, die sich nicht in Grundsatzdiskussionen über Chancen und Risiken von Computer und Internet im Unterricht verlieren, sondern die mobile digitale Endgeräte und das Internet als einen selbstverständlichen Teil der Schulinfrastruktur betrachten.

Was bietet das Buch?

Das Buch setzt sich mit der Frage auseinander, über welche Kompetenzen man in einer digital geprägten Gesellschaft verfügen muss, um am Arbeitsmarkt erfolgreich teilnehmen und sich im gesellschaftlichen und privaten Umfeld selbstbestimmt bewegen zu können. Diese Kompetenzen bezeichnen wir etwas salopp als digitale Kompetenzen.

Jedes Kapitel befasst sich mit jeweils einer von zehn Kompetenzen und macht sie zum Thema. Bei der Auswahl der Kompetenzen stützen wir uns insbesondere auf Empfehlungen aus dem 2011 erschienenen Bericht »Future Work Skills 2020« des »Institute for the Future« und auf den 2010 veröffentlichten Bericht »Kompetenzen in einer digital geprägten Kultur« des deutschen Bundesministeriums für Bildung und Forschung. Bei der Auswahl und Beschreibung der Kompetenzen stand für uns nicht die wissenschaftliche Herangehensweise im Vordergrund, sondern das Ziel, ein leicht verständliches und vom Umfang her auch lesbares Buch vorzulegen. Die beschriebenen Kompetenzen sind nicht neu und schon immer Ziel einer guten Allgemeinbildung gewesen. Immer wieder werden wir diesen Punkt betonen mit der Absicht, einen unaufgeregten Umgang mit dem Thema »Digitale Medien in der Schule« zu unterstützen.

In jedem Kapitel beschreiben wir zunächst eine Kompetenz und führen aus, warum sie unserer Meinung nach in der Informations- und Kommunikationsgesellschaft wichtig ist und an Bedeutung gewinnen wird. Anschließend zeigen wir auf, was das für die Schule heißt und welche Rolle den Lehrpersonen sowie den Schulbehörden dabei zukommt. Anhand von Beispielen aus unterschiedlichen Themenbereichen wird veranschaulicht, wie die Kompetenzen im Unterrichtsalltag von Berufsfachschulen und Gymnasien gefördert und gefestigt werden können. Diese Beispiele dienen lediglich der Inspiration. Es bleibt Aufgabe der Leserin und des Lesers, eigene Überlegungen zur Kompetenzförderung zu entwickeln und auf die Unterrichtspraxis zu übertragen. Eines bleibt nämlich: Guter Unterricht lebt stark von der Persönlichkeit der Lehrperson.

Leserinnen und Leser, die sich mit dem Thema eines Kapitels vertieft auseinandersetzen möchten, finden auf der Website *www. digitalekompetenz.ch* Empfehlungen für weitergehende Literatur und Literaturnachweise.

Was bietet das Buch nicht?

In diesem Buch setzen wir uns nicht mit der Frage auseinander, ob digitale Medien gut oder schlecht sind. Wir orientieren uns an der Realität. Digitale Medien prägen unsere Gesellschaft und haben im Schulzimmer Einzug gehalten. Die Entwicklung hin zu Kommunikation jederzeit und überall, also der Siegeszug mobiler digitaler Endgeräte wie etwa Smartphones und vielleicht bald Datenbrillen oder Datenlinsen, erfolgte nicht mit Blick auf die Schule. Es sind nicht wir Lehrerinnen und Lehrer, welche die technischen Entwicklungen bestimmen. Das mag man bedauern, aber wenn es um die Fähigkeit geht, sich in der Gesellschaft zu behaupten, kann diese Tatsache nicht ausgeblendet werden. Unser Umgang mit dieser Entwicklung, ob als Individuum oder als Gesellschaft, kann und soll von der Schule mitgeprägt werden. Angesichts ernst zu nehmender drohender Szenarien im Bereich Persönlichkeitsschutz und der Bedrohung traditioneller Freiheitsrechte sowohl durch private Unternehmen wie durch staatliche Stellen wird auch die Sicherheit im Umgang mit digitalen Medien ein schulisches Thema bleiben.

Das Buch ersetzt nicht die Lektüre von Literatur zur Allgemeinen Didaktik. Wir gehen davon aus, dass die Leserinnen und Leser vertiefte Kenntnisse von der Planung und Gestaltung von Unterricht haben. Ebenso beinhaltet das Buch keine Listen von digitalen Werkzeugen, die sich für den Einsatz im Unterricht eignen, und auch keine Gebrauchsanweisungen für solche Werkzeuge. Erstens finden sich dazu unzählige Informationen im Netz und zweitens besitzen solche Empfehlungen meist nur eine sehr kurze Halbwertszeit.

Das Buch erhebt nicht den Anspruch, auf die aufgeworfenen Fragen und Probleme umfassende, wissenschaftlich abgestützte Antworten zu liefern. Wir sind davon überzeugt, dass es gerade in Fragen der Bildung nicht den Königsweg gibt. Ganz bewusst bedienen wir uns auch einer einfachen, verständlichen Sprache. Verständlichkeit ist eines der obersten Ziele guten Unterrichts. Die aktuelle Literatur zu Didaktik und Pädagogik nimmt unserer Meinung nach hier oft keine Vorbildfunktion ein.

Wie soll man in das Buch einsteigen?

Die Reihenfolge der einzelnen Kapitel ist beliebig und jedes Kapitel kann auch für sich allein gelesen werden. Wir empfehlen, dass man sich beim Lesen immer die Situation im eigenen Unterricht vergegenwärtigt. Wie ist das bei mir? Habe ich die gleichen Probleme? Wie bin ich bis jetzt mit diesen Problemen umgegangen? Und ganz wichtig: Bringen Sie als Leserin oder Leser Offenheit und Interesse mit, sowohl gegenüber den Entwicklungen rund um digitale Medien als auch gegenüber der jungen, vernetzten Generation. Sehr empfehlen können wir hier vorab die Lektüre von Michel Serres' Essay »Erfindet euch neu! Eine Liebeserklärung an die vernetzte Generation«. Der bekannte, 1930 geborene französische Philosoph setzt sich darin mit dem gesellschaftlichen Wandel zu Beginn des 21. Jahrhunderts auseinander. Tief greifende Veränderungen seien dadurch in Gang gesetzt worden, dass sich eine junge Generation völlig neu organisiere.

Wer sind die beiden Autoren?

Werner Hartmann hat Mathematik studiert, am Gymnasium in Baden (Schweiz) unterrichtet und sich anschließend an der ETH Zürich und der Pädagogischen Hochschule Bern in Forschung und Lehre mit ICT, Medien und Informatik beschäftigt.

Alois Hundertpfund hat Rechtswissenschaft studiert und ist Lehrer für allgemeinbildenden Unterricht an der Baugewerblichen Berufsschule Zürich sowie Dozent in der Lehrerausbildung an der Pädagogischen Hochschule Zürich.

Die Autoren danken Rémy Kauffmann, Amadeus Fetz und Beat Döbeli Honegger für Diskussionen und kritische Anmerkungen, Fiona Hasler für das sorgfältige Lektorat und die zahlreichen inhaltlichen Anregungen sowie Franziska Voigt für das gründliche Korrektorat.

Inhaltsverzeichnis

1

Information und Wissen: Verwesentlichung

Die Fähigkeit, eine sinnvolle Auswahl von Informationen zu treffen und die tiefere Bedeutung oder die Stichhaltigkeit von Informationen zu erfassen

Mit der Digitalisierung einhergehend steht uns eine unüberschaubare Menge an Daten und Informationen fast überall und jederzeit zur Verfügung. Die Herausforderung besteht nicht darin, Zugang zu diesen Daten und Informationen zu erhalten, sondern darin, diese zu filtern und auf die relevanten Inhalte zu reduzieren. Das effiziente und effektive Recherchieren, das Unterscheiden zwischen wesentlichen und unwesentlichen Informationen und das Beurteilen der Stichhaltigkeit stellen heute Schlüsselqualifikationen dar. Wer sich nicht in der Belanglosigkeit des Internets verlieren will, muss sich zudem bewusst sein, dass der Zugang und Besitz von Informationen nicht mit Wissen und Erkenntnis gleichzusetzen ist. Gerade in der Schule zeigt sich, dass Arbeiten von Schülerinnen und Schülern oft sehr umfangreich und professionell gelayoutet werden, inhaltlich aber nur aus einer unstrukturierten Aneinanderreihung von mit Fleiß zusammengetragenen Informationen aus dem Internet bestehen. Eine vertiefte Auseinandersetzung mit einem Thema, das Verknüpfen von Wissen aus verschiedenen Fachgebieten und eine Synthese, verbunden mit der Erzeugung neuen Wissens, finden nicht statt. Hier zeigt sich ein Paradigmenwechsel: War es in der Buchgesellschaft ein wichtiges Ziel, überhaupt genügend Quellen und Informationen zu erschließen, verlangt die Informationsgesellschaft die Fähigkeit zur Filterung, zur Reduktion und zur Vertiefung.

Bis zur Erfindung des Buchdruckes blieb der Zugang zu Informationen und damit zum Wissen auf einen kleinen, ausgewählten Kreis von Personen beschränkt. Mit dem Buchdruck vergrößerte sich dieser Kreis, verbunden mit Entwicklungen wie der Aufklärung, der

Einführung von Schulen, der Demokratisierung sowie veränderten Machtgefügen. Allerdings blieb auch in der Buchgesellschaft das Publizieren von Büchern und Zeitschriften das Privileg von wenigen. In der Informationsgesellschaft kann fast jeder unkompliziert und nur mit geringen Kosten verbunden Informationen ins Netz stellen. Die Darstellung dieser Informationen beschränkt sich dabei nicht nur auf Text und Bild. Das Publizieren von Audio-Beiträgen und Videos bis hin zu 3-D-Objekten ist ohne großen Aufwand möglich. Für die Gesellschaft, die Wirtschaft, die Schulen und für jeden Einzelnen von uns eröffnen sich neue, teilweise spektakuläre Möglichkeiten. Gleichzeitig birgt diese technische Entwicklung, wie andere vor ihr, neue Risiken.

Wir profitieren – nicht ohne Nebenwirkungen – von der uns heute zur Verfügung stehenden großen Informationsmenge. Ein gutes Beispiel dafür ist die Online-Enzyklopädie Wikipedia. Sie stellt die herkömmlichen gedruckten Enzyklopädien bezüglich Umfang und Aktualität in den Schatten und ist für die meisten zum beliebten Nachschlagewerk geworden. Und die Risiken? Die unüberschaubare Menge an Informationen stellt uns vor große Herausforderungen. Im »Mitmach-Web« kann jeder mitschreiben und wir können uns nicht mehr auf eine vorgängige Selektion der Inhalte durch eine zentrale Redaktion – etwa eines Verlags oder einer Zeitschrift – verlassen. Die Stichhaltigkeit und der Wahrheitsgehalt von Informationen muss von uns selbst kritisch hinterfragt werden. Zudem ist die Gefahr groß, relevante Informationen im weltweiten Datenmeer zu übersehen. Zwar erleichtern uns die digitalen Medien den Zugang zu Informationen, sie erhöhen jedoch auch die Anforderungen an unsere Informationskompetenz massiv. Besonders deutlich zeigt sich das bei der Wahl der Informations- und Kommunikationskanäle. Neben den klassischen Medien wie Zeitungen, Radio und Fernsehen eröffnet uns eine Vielzahl weiterer Kanäle (zum Beispiel Blogs, soziale Netzwerke, Newsletter, Messenger-Dienste) den Zugang zu Informationen. Alle diese Kanäle aufmerksam zu verfolgen, ist ein Ding der Unmöglichkeit. Jeder Einzelne ist gefordert, eine Auswahl von Informationskanälen zu treffen. Neu ist das für uns nicht: die Unzahl an Fernsehprogrammen zwingt uns schon lange, uns auf einige wenige Sender einzuschränken, wenn wir uns nicht im Studium der Programmzeitschriften verlieren wollen. Neu ist aber, dass sich die Bedeutung einzelner Kanäle für uns rasch ändern kann. So müssen wir laufend entscheiden, welche Kanäle wir nicht weiter verfolgen wollen und welche neu dazukommen sollen. Jean Paul Sartre hat uns vor mehreren Jahrzehnten die Freiheit bereits als Phänomen geschildert, das uns dazu verdamme, ständig eine Wahl treffen zu müssen. Wer diesen Gedanken im letzten Jahrhundert noch als skurril empfand, wird heute und in Zukunft immer wieder erfahren, wie groß diese Verdammnis sein kann.

Beim Thema »Information und Wissen« geht es um die Kompetenzen, den Bedarf an Informationen zu erkennen, diese zu finden, zu beurteilen, zu speichern, zielgerecht zu verarbeiten, neu aufzubereiten und zugänglich zu machen. Für eine tiefer gehende Recherche reicht es nicht mehr, die nächstgelegene Bibliothek aufzusuchen und sich dort allenfalls noch von einer kompetenten Bibliothekarin beraten zu lassen. Die Suche muss auf verschiedenen Plattformen (institutionelle Angebote, Wikipedia, YouTube, soziale Netzwerke) erfolgen. Übersetzungsprogramme erschließen die Inhalte von fremdsprachigen Dokumenten. Das ist hilfreich, denn kompetentes Recherchieren erfordert oft Suchanfragen in mehreren Sprachen. Ausgeklügelte Informationsdienste wie etwa die Suchmaschine Google unterstützen beim Rechercheprozess. Diese Dienste nutzen aber in erster Linie statistische Verfahren, zum Beispiel die Häufigkeit des Vorkommens eines Suchbegriffs in einem Dokument oder die Popularität einer Website, um bei einer Suche möglichst relevante Treffer anzubieten. Eine wirkliche Interaktion zwischen Benutzer und Suchdienst erfolgt nur in geringem Maß. Die Gefahr ist groß, bei einer Suche wichtige Dokumente zu übersehen. Deshalb ist es wichtig, möglichst zielsichere Suchanfragen zu stellen und diese aufgrund der erhaltenen Resultate anzupassen oder präziser zu formulieren.

Gerade beim Formulieren von Suchanfragen zeigt sich: Je mehr Wissen man in einem Themenbereich besitzt, desto besser kann man die gesuchten Inhalte erahnen und gezielt spezifische Suchbegriffe verwenden. Die Aussage »Heute muss man nichts mehr wissen, man findet alles im Internet« kann nur jemand machen, der sich bei einer Suche mit ein paar zufälligen, oberflächlichen Fakten zufrieden gibt. Wissen unterstützt uns auch bei der Beurteilung von Informationen auf ihre Relevanz und ihren Wahrheitsgehalt hin. Ein Mediziner wird bei der riesigen Anzahl Treffer zur Suchanfrage »Prävention von Altersdiabetes« schnell die wissenschaftlich fundierten Informationen von den unzähligen von medizinischen Laien verfassten Dokumenten trennen können.

Was heißt das für die Schule?

Für die Schule ist die Förderung der Informationskompetenz keine neue Aufgabe. Die Palette von Werkzeugen bei der Beschaffung und Verarbeitung von Informationen ist aber deutlich umfangreicher als früher. Die Schule hat die Aufgabe, die Funktionsweise und Eignung dieser Werkzeuge aufzuzeigen und gleichzeitig deren Nutzung einzufordern. Setzt sich ein Schüler beispielsweise mit den Ursachen des Bienensterbens auseinander und stützt er sich dabei nur auf die Wikipedia und ein Fachbuch aus der Mediothek der Schule, hat er die Aufgabe unzureichend gelöst. Gibt es aktuelle TV-Beiträge? Existieren Expertengruppen in den sozialen Netzwerken? Gibt es Beiträge der Ernährungs- und Landwirtschaftsorganisation der Vereinten Nationen (FAO) oder von Nichtregierungsorganisationen wie zum Beispiel Greenpeace oder WWF?

Die Reduktion komplexer Sachverhalte mit dem Ziel, diese überschaubar und verständlich zu machen, ist eine weitere zentrale Aufgabe der Schule. Die Lehrpersonen wählen Unterrichtsinhalte gezielt aus, vereinfachen komplexe Zusammenhänge und stellen Analogien her. Die Konzentration auf das Wesentliche gehört zum Handwerk des Lehrberufes. Wichtig ist es, diese Methoden auch den Lernenden gegenüber transparent zu machen und sie anzuleiten, auf ähnliche Weise mit Inhalten umzugehen.

Das Prinzip der Verwesentlichung gilt aber auch beim Speichern und Verwalten von Unterrichtsmaterialien. Billiger Speicherplatz verleitet dazu, Unmengen von Material zu sammeln und auf Lernplattformen zu horten und den *information overload* derart zu verstärken, dass das Erschließen der wesentlichen Inhalte für die Lernenden unnötig erschwert wird. Nicht nur das Sammeln, sondern auch das Löschen von Material gehört zu einer konsequenten Datenverwaltung.

Wie macht die Schule das?

Die bekannten Methoden zur Informationsbeschaffung, zur Evaluation von Informationen und zur Reduktion der Informationsfülle können auf die neuen Informationsangebote übertragen werden. Bei der Beschaffung von Informationen ist es empfehlenswert, gemeinsam mit den Lernenden verschiedene Informationsdienste zu analysieren und je nach Anwendungszweck auf ihre Eignung hin zu beurteilen. Für welche Informationsbedürfnisse eignet sich ein Suchdienst wie Google? Wann nutzt man die Wikipedia? Wo liegen die Vor- und Nachteile von Social-Media-Diensten wie etwa Twitter? Das gleichzeitige Nutzen verschiedener Informationsdienste und der Vergleich der gefundenen Informationen helfen, die unterschiedlichen Informationsdienste so klassifizieren zu können, dass eine Routine im Umgang mit ihnen entsteht.

Für die Reduktion auf das Wesentliche kann man sich der Methode der drei »Siebe der Reduktion« von Martin Lehner bedienen, die eigentlich für Lehrpersonen konzipiert wurde, aber ebenso gut von den Schülerinnen und Schülern selbst angewendet werden kann. Ein Beispiel: In einem ersten Schritt erhalten die Lernenden den Auftrag, einem kanadischen Kollegen in zwanzig Minuten die Institutionen der EU zu erklären. In einem zweiten Schritt haben sie für die gleiche Aufgabe nur zehn Minuten Zeit. Schließlich bleibt ihnen in einem dritten Schritt noch eine Minute.

Verwesentlichen hat auch eine gestalterische Komponente. Lehner schlägt hierfür die »Blumenstraußtechnik« vor. Man bringe einer geliebten Person nicht eine Blumenwiese, wenn man ihr eine Freude machen will. Man wähle vielmehr einzelne Blumen aus und bilde einen Strauß, der ein Abbild der Blumenwiese darstellt. Zur Reduktion gehört auch die Selektion. Wenn wir alle Treffer bei unseren Recherchen zu einem bestimmten Thema als Blumenwiese bezeichnen, kommt es darauf an, einzelne Treffer als Blumen auszuwählen. Der Strauß stellt schließlich das Resultat unserer Recherche dar.

Ein weiteres Bild geht auf den Physiker und Pädagogen Martin Wagenschein zurück. Er spricht von Grundlandschaften und exemplarischen Tiefenbohrungen. Wenn wir in der Art eines Brainstormings möglichst viele Begriffe zu einem Thema zusammentragen, erhalten wir eine sogenannte Grundlandschaft. Jetzt wählen wir einige wichtige Begriffe aus, an denen wir Tiefenbohrungen vornehmen. Die Einsichten aus den einzelnen Tiefenbohrungen ermöglichen uns Verbindungen und Strukturen, die zu einem besseren Verständnis der Grundlandschaft führen, ohne dass wir diese in allen Details erforschen müssen.

Welche Strategien und Methoden man nutzt, um das Wesentliche eines Themas einzugrenzen, spielt unserer Ansicht nach eine untergeordnete Rolle. Entscheidender ist es, dass man den Lernenden immer wieder von Neuem bewusst macht, dass Reduktion in unserem Leben eine wichtige Rolle spielt, dass Analogien die Beschreibung von Sachverhalten vereinfachen und dass eine reine Ansammlung von Fakten noch kein Wissen darstellt.

Wir schlagen vor, verschiedene Methoden zur Informationsbeschaffung und zur Evaluation von Informationen zu klassifizieren. Dieses Vorgehen ist auch deshalb ratsam, um jene Fallen aufzuspüren, die unsere Freiheiten und unsere Persönlichkeitsrechte zur Disposition stellen. Im Unterricht soll diskutiert werden, wer oder was unsere Freiheit bedroht, was unsere Persönlichkeit und unsere Privatsphäre ausmacht, was wir einzutauschen bereit sind und welche Folgen es haben kann, auf die Privatsphäre zu verzichten. Es darf unserer Meinung nach nicht sein, dass Generationen für unsere individuellen Freiheitsrechte gekämpft haben und wir diese Rechte in ihrem Gehalt nicht mehr schützen können oder gar wollen, nur weil wir als Gegenleistung online mit Informationen, Dienstleistungen oder Konsumgütern versorgt werden.

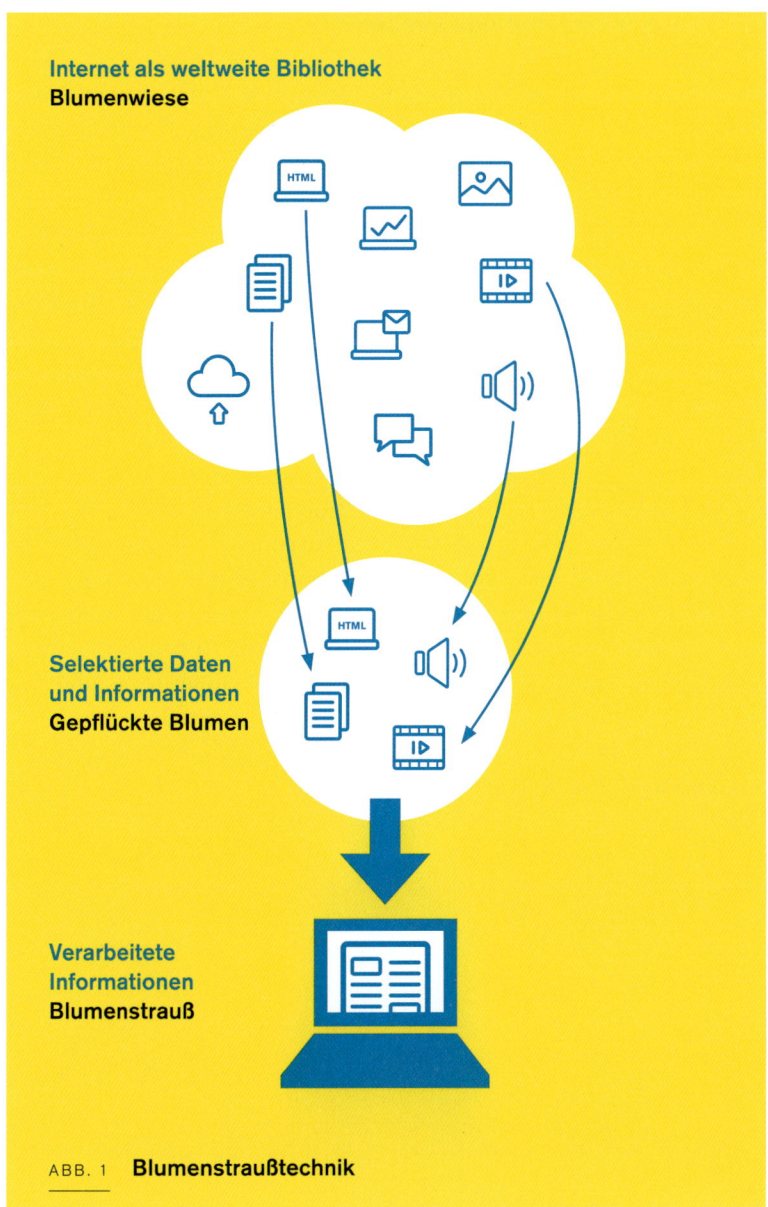

ABB. 1 **Blumenstraußtechnik**

Was muss ich wissen und können?

Früher war es eine Selbstverständlichkeit, dass Lehrpersonen wussten, wie man den Zettelkatalog einer Bibliothek nutzt. Es wurde auch erwartet, dass die Schule die Lernenden in die Nutzung von Bibliotheken und Nachschlagewerken einführt. Heute ist es unabdingbar, dass Lehrpersonen umfassende Kenntnisse von Informationsdiensten im Internet besitzen. Der Fokus sollte dabei auf langlebigem Konzeptwissen liegen, weil die einzelnen Suchdienste ähnliche Funktionen anbieten, die sich im Laufe der Zeit kaum verändern. So bieten die meisten Suchdienste die Möglichkeit, eine Suche auf bestimmte Internet-Domains einzuschränken oder nur nach Dokumenten eines bestimmten Dateiformats (zum Beispiel PDF oder PowerPoint) zu suchen.

Das Beherrschen von Reduktionsstrategien gehört nicht nur zum Handwerk der Lehrperson, auch die Lernenden werden in ihren künftigen Tätigkeiten großen Informationsmengen ausgesetzt sein und daher diese Strategien benötigen. Das Vermitteln der Techniken zur Reduktion des *information overload* gehört zu den elementaren Aufgaben der Schule. Zusammenfassungen, Erinnerungs- und Arbeitsprotokolle bis hin zur Produktion von Spickzetteln oder die Visualisierung komplexer Sachverhalte via Infografiken sind geeignete Übungsmöglichkeiten.

Beispiele aus dem Unterricht

Informationen aus unterschiedlichen Blickwinkeln und Quellen

Im allgemeinbildenden Unterricht setzen sich die Lernenden an einer Berufsfachschule mit der Kernkraft als Energiequelle auseinander. Die Klasse soll sich ein Bild von den physikalischen Grundlagen, dem technischen Betrieb eines AKWs, der Wirtschaftlichkeit, dem Gefahrenpotenzial, der Akzeptanz in der Bevölkerung und weiteren Aspekten machen. Die Fülle der Informationen im Internet zu diesem Thema ist gewaltig. Die Meinungen divergieren stark und es fällt den Lernenden schwer, sich zurechtzufinden. Gemeinsam mit der Lehrerin legen die Lernenden eine Vorgehensweise fest: Eine Gruppe soll mithilfe von Lehrmitteln aus der Schulmediothek Informationen zu den physikalischen und technischen Grundlagen der Atomenergie zusammenstellen. Sie soll zudem auf Videoplattformen recherchieren, ob es von einer Fernsehanstalt einen geeigneten Beitrag zum Thema gibt. Eine zweite Gruppe befasst sich mit wirtschaftlichen Fragestellungen und dem Gefahrenpotenzial von AKWs. Sie informiert sich im Internet bei Regierungsstellen, AKW-Betreibern und Greenpeace. Bezüglich der Akzeptanz in der Bevölkerung analysiert eine dritte Gruppe Artikel zum Begriff »Atomkraft«. Sie stützt sich dabei auf Zeitungsartikel und auf verschiedene Sprachversionen der Wikipedia, wobei sie etwaige Diskussionsbeiträge miteinbezieht.

Die gewonnenen Erkenntnisse und die Ergebnisse werden auf einer A4-Seite als Text unter Einhaltung gewisser Vorgaben zusammengefasst und allen Klassenmitgliedern auf der gemeinsamen Lernplattform zur Verfügung gestellt.

An konkreten Themen aus dem Unterricht lassen sich die Methoden zur Informationsbeschaffung und -auswertung aufzeigen und in der Praxis üben. So erfahren die Lernenden, dass schon die Wahl der Informationsdienste je nach Fragestellung anders ausfallen kann und wie verschiedene Sichten auf ein Thema verglichen und analysiert werden können. Gleichzeitig kann auf wenig bekannte Funktionen gängiger Informationsdienste hingewiesen werden. So erlauben es die verschiedenen Sprachversionen der Wikipedia, sich bei umstrittenen Themen einen Überblick über kulturell oder gesellschaftlich unterschiedliche Sichtweisen zu verschaffen. Die in aller Regel sehr sorgfältig ausgewählten weiterführenden Weblinks am Ende eines Wikipedia-Artikels führen zu vertieften Informationen. Darstellungen eines Themas in Fernsehbeiträgen oder in populärwissenschaftlichen Zeitschriften können Anhaltspunkte dafür liefern, wie ein komplexes Thema auf die wesentlichen Punkte reduziert und anschaulich präsentiert werden kann.

BEISPIEL 2 **Einen Sachverhalt kurz und bündig wiedergeben**

Am Gymnasium beschäftigten sich die Schülerinnen und Schüler in den letzten drei Monaten mit Wahrscheinlichkeitsrechnung. Zur Wissenssicherung sollen sie in Gruppen die Kernaussagen dieses Teilgebiets der Mathematik in drei Versionen so zusammenfassen, dass die Aussagen von einer unbeteiligten Person in einer halben Stunde, in zehn Minuten oder in nur drei Minuten nachvollzogen werden können.

Die Lernenden packen diese Aufgabe ganz unterschiedlich an. Eine der Gruppen notiert zuerst in einem Brainstorming wichtige Aussagen. Anschließend werden diese Aussagen nach ihrer Bedeutung sortiert. Für die 30-Minuten-Version entscheiden sich die Lernenden für eine Zusammenfassung in Form eines Artikels. Jede Aussage wird dabei zuerst an einem konkreten Anwendungsbeispiel illustriert. Die 10-Minuten-Version wird in Form einer Präsentation mit Sprechkommentar festgehalten. Bei der 3-Minuten-Version entscheiden sich die Lernenden für ein an einen Comic angelehntes Stop-Motion-Video, das sie mit einem Autorenwerkzeug aus dem Internet relativ einfach erstellen können.

Es ist kein Zufall, dass die Produkte der beiden obigen Beispiele jeweils ein komprimierendes Element aufweisen. Die digitalen Medien bieten eine ganze Palette von Darstellungsmöglichkeiten, die einen Reduktionsprozess unterstützen. Von der klassischen Zusammenfassung über vertonte Präsentationen, Infografiken und Poster bis hin zu kurzen Videos oder Podcasts gibt es viele Darstellungsoptionen. Dabei steht immer die Überlegung im Vordergrund, welchen Inhalten eine zentrale Bedeutung zukommt.

BEISPIEL 3   **Schülerinnen und Schüler tragen Begriffe zusammen**

An der Berufsfachschule beschäftigen sich angehende Detailhandelsfachleute mit dem Thema Mehrwertsteuer. Anstatt den Begriff und das Prinzip der Steuer auf verschiedenen Stufen der Wertschöpfung zu erläutern, lässt die Lehrerin die Lernenden die wichtigen Begriffe zuerst in fünfzehn Minuten selbst zusammentragen und beschreiben. Anschließend werden Unklarheiten gemeinsam diskutiert. Auch die Festsetzung der Steuersätze und die je nach Land und Produkten unterschiedliche Handhabung erschließen sich die Lernenden selbst. Diese Recherchearbeit lässt sich im Unterricht auch sehr einfach auf kleine Gruppen aufteilen.

BEISPIEL 4   **Schülerinnen und Schüler recherchieren selbstständig**

Ein Lehrer erteilt folgenden Auftrag: »Sie haben Kenntnisse von Kreisläufen in der Natur. Als Aufwärmübung verfassen Sie einen kleinen Text, in dem Sie einen natürlichen Kreislauf beschreiben. Falls Sie zuerst die Textform »Beschreibung« repetieren möchten, schauen Sie in Ihrem Sprachlehrmittel nach. Nach dem heutigen Unterricht können Sie einen einfachen Wirtschaftskreislauf zeichnen und die Teilnehmer benennen. Sie werden feststellen, dass in dieser modellartigen Darstellung zwei Ströme vorkommen, die Sie ebenfalls darstellen und zwar in verschiedenen Farben. Informationen dazu, was ein einfacher Wirtschaftskreislauf ist und welche Elemente er aufweist, finden Sie im Internet. Mit großer Wahrscheinlichkeit stoßen Sie auf eine Abbildung.

Falls Letzteres zutrifft, haben Sie Zeit gewonnen und Sie können sich ausführlich über die Teilnehmer und die Ströme informieren. Wichtig ist, dass Sie nach dreißig Minuten in der Lage sind, einen einfachen Wirtschaftskreislauf zu skizzieren und ihn zu kommentieren.«

In der Schulzeit der meisten Lehrerinnen und Lehrer war der Unterricht noch oft von der Wissensvermittlung durch die Lehrperson geprägt. In den obigen beiden Beispielen hätten sie als Lernende nicht ohne weiteren Aufwand auf Informationen zur Mehrwertsteuer und zum einfachen Wirtschaftskreislauf zugreifen können. Diese Informationen wurden entweder von der Lehrperson übermittelt oder in einem Lehrmittel didaktisch aufbereitet und festgehalten. Vom Prozess des Recherchierens, der Selektion und der verständlichen Aufbereitung waren die Lernenden ausgeschlossen. Die Daten in den Lehrmitteln waren häufig nicht mehr aktuell oder nur als illustrierende Beispiele gedacht. Wir alle erinnern uns an Aufgaben zur Zinsrechnung mit völlig unrealistisch tiefen oder hohen Zinssätzen. Der Zugang zu Informationen gestaltet sich heute völlig anders und es ist wichtig, dass Lehrerinnen und Lehrer diese Möglichkeit im Alltag in Form von kleinen Unterrichtssequenzen nutzen. Nur so erwerben die Lernenden die wichtige Kompetenz, sich selbst zu einem Thema ein Bild zu machen.

BEISPIEL 5 **Was stimmt nun wirklich?**

Im Biologieunterricht entbrennt eine Diskussion zur Frage, ob ein Glas Rotwein pro Tag der Gesundheit zuträglich ist oder nicht. Immer wieder liest man von Studien, die eine präventive Wirkung im Zusammenhang mit Herz-Kreislauf-Erkrankungen belegen oder widerlegen. Die Lernenden argumentieren mit Studien, Blogbeiträgen und Medienberichten pro und kontra. Was stimmt nun wirklich? Der Lehrer schlägt vor, bei den einzelnen Stellungnahmen der Autorschaft und ihren Interessenbindungen nachzugehen. Schon nach wenigen Minuten melden die Schülerinnen und Schüler überraschende Ergebnisse: Hinter einem Blogbeitrag, welcher die präventive Wirkung eines Glases Rotwein in die Märchenwelt abschiebt, steht ein großer Pharmakonzern. Bei einer auf den ersten Blick sehr wissenschaftlich aussehenden Studie zeigt sich, dass die Studie nur über die Website einer nicht näher zu identifizierenden Institution zugänglich ist und in der Studie nur Publikationen dieser Institution referenziert werden. Und die auf einer Gesundheitsplattform zitierte »Amsterdam Heart Study« befasst sich gar nicht mit dieser Frage, sondern mit der präventiven Wirkung von sportlichen Aktivitäten auf Herz-Kreislauf-Krankheiten. Bei dieser Studie wurden die Probanden in verschiedene Gruppen aufgeteilt, unter anderem auch nach Kriterien wie dem täglichen Konsum von Alkohol.

Mit dem rasanten Anstieg an Informationen im Netz kommt der Überprüfung der Glaubwürdigkeit einer Quelle eine wichtige Rolle zu. Die digitale Form der Informationen und die mächtigen Informationsdienste ermöglichen es aber in vielen Fällen, die Autorschaft und die Stichhaltigkeit mit einfachen Mitteln zu prüfen. So lassen sich Interessenbindungen recherchieren oder die wissenschaftliche Relevanz einer Studie einordnen. Die Schülerinnen und Schüler lernen Quellenkritik als weiteren Filter bei der Bewältigung der riesigen Informationsmengen kennen.

2

Soziale Intelligenz und Verständigung

Die Fähigkeit, sich mit anderen auf direkte und vertiefte Weise zu verständigen, Stimmungen und Reaktionen zu erfassen und zu fördern sowie Bedürfnisse zu erkennen

Die Kommunikation wird sich in Zukunft auf zwei Arten verändern. Erstens werden sich die Formen der Kommunikation an die technischen mobilen Möglichkeiten anpassen und zweitens wird sich die Kommunikation auch inhaltlich verändern. So werden zum Beispiel vermehrt Bilder anstelle von Worten zur Beschreibung eines Sachverhaltes eingesetzt und die schriftliche Kommunikation wird dialogischer werden (zum Beispiel SMS, Chat).

Es stellt sich die Frage, welche Werte und Normen es im Hinblick auf die Kommunikation zu bewahren gilt und welche Veränderungen sich aus dem Umstand ergeben, dass bisherige technische Schranken wegfallen werden.

Egal, ob wir kommunizieren wollen oder nicht, wir sind ständig Teil einer kommunizierenden Welt. Sofern wir selbst nicht aktiv kommunizieren, wird uns etwas mitgeteilt und das in einer Abfolge, die uns das Gefühl geben kann, nicht mehr in Ruhe gelassen zu werden. Zwischendurch auch mal offline zu sein, gilt deshalb oft bereits als ein erstrebenswerter Zustand. Gleichzeitig beziehen wir aber auch viele für uns relevante Informationen über soziale Netzwerke, Chatforen, Blogs und weitere Kommunikationskanäle. Der Ausgangspunkt für unsere Betrachtungen zur sozialen Intelligenz und zur Kommunikation ist also ein Zustand, der sich als typisches Paradoxon zu zeigen scheint: Einerseits kommunizieren wir lustvoll und nehmen teil an Formen der Kommunikation, die diesen Wunsch nach Austausch zu befriedigen scheinen, und andererseits halten wir es für Luxus, wenn es uns gelingt, uns von den zeitgemäßen Kommunikationsformen fernzuhalten.

Um ein Gefühl dafür zu entwickeln, was in den nächsten Jahren auf uns zukommen wird, werfen wir einen Blick zurück auf die Kommunikationsformen, die unseren Alltag über mehrere Generationen hinweg geprägt haben. Dieser Blick zurück hilft uns dabei, den gegenwärtigen Zustand nicht als das Erreichen eines Zieles oder die Erfüllung eines Wunsches zu betrachten. Das Verfassen eines handgeschriebenen Briefes erscheint aus heutiger Perspektive als ein aufwendiger und vergleichsweise komplizierter Prozess. Natürlich kann man auch heute noch auf diese Weise kommunizieren, aber zuerst muss das geeignete Briefpapier vorhanden sein, danach gilt es den Text nach gewissen formalen Regeln zu verfassen. Schreibfehler lassen sich schlecht korrigieren. Schließlich benötigt man eine Briefmarke und man muss den Brief zum Briefkasten bringen.

Ein Brief richtete sich früher meistens an eine einzige Person. Heute kann man seine Mitteilungen auf einfache und kostengünstige Weise der Allgemeinheit zugänglich machen und beispielsweise einen ganzen Freundeskreis oder eine unbestimmte Anzahl von Leuten, die an einem Thema interessiert sind, bedienen. Auch bezüglich der Geschwindigkeit sind der Verbreitung von Informationen kaum noch Grenzen gesetzt. Die Kommunikationsformen beschränken sich zudem längst nicht mehr nur auf Text und Bild. Neben diesen Vorteilen bringen die digitalen Kommunikationsmöglichkeiten auch gewichtige Nachteile mit sich. Man läuft Gefahr, dass man gar nicht mehr wahrgenommen wird, wenn man kommunizieren möchte. In sozialen Netzwerken herrscht ein regelrechter Kampf um Aufmerksamkeit, der teilweise skurrile Formen annimmt.

Auch die mündliche Kommunikation verändert sich. Wollte man früher jemanden telefonisch erreichen, musste sowohl der Anrufende, wie der Angerufene über einen ortsgebundenen Telefonapparat verfügen. Heute benutzen wir zur Kommunikation mobile Endgeräte, die es uns erlauben, mit anderen Personen fast überall und jederzeit in Kontakt zu treten. Im beruflichen Alltag besteht die Möglichkeit, digitale Konferenzsysteme zu nutzen und Dokumente auszutauschen oder gemeinsam zu bearbeiten.

Die folgende Episode zeigt, dass Institutionen und Privatpersonen aufgrund der neuen Kommunikationsformen mit Phänomenen konfrontiert werden, die zu Irritationen führen können: Eine Schülerin beklagt sich in ihrem Blog über das ihrer Ansicht nach schlechte Essen in der Mensa. Die Schule verlangt ultimativ die Entfernung dieses Blogeintrages, was in sozialen Netzwerken eine Solidarisierungswelle zugunsten der Schülerin auslöst und die Medien auf den Plan ruft. Die ungeschickte Reaktion der Schule entwickelt sich zum Bumerang. Dieses an sich harmlose Beispiel zeigt zwei Problemkreise auf: Man wird unheimlich schnell zu einem öffentlichen Thema und man kann dabei rasch die Herrschaft über eine Entwicklung verlieren, obwohl man eigentlich die Fäden in der Hand gehabt hätte. Eines wird zudem sichtbar: Wir brauchen im Umgang mit Social Media neue Strategien. Die traditionellen Machtgefüge haben sich teilweise verschoben. Die räumliche Distanz und die damit verbundene scheinbare Anonymität einerseits und die zeitliche Unmittelbarkeit, die Schnelligkeit und die Einfachheit, mit der Botschaften übermittelt werden können, andererseits bilden einen Gegensatz. Dieser verführt zu spontanen, aber ungeschickten Handlungen. Im Mensa-Beispiel haben wahrscheinlich beide Seiten unbedarft gehandelt. Sie waren sich zu wenig über die Funktionsweise und Wirkung von Social Media im Klaren.

Wie groß auch die Unterschiede zwischen den Erziehungsmaximen und den Ansichten der Jugendlichen sein mögen: Die Fähigkeit, sich mithilfe seiner sozialen Intelligenz in andere Personen hineinzudenken und so die Folgen seiner Kommunikation und Handlungen einzuschätzen, wird zu einer zentralen Kompetenz. Wir stellen fest, dass gerade Jugendliche viel Energie aufwenden, um ihr Kontaktnetz zu pflegen. Sie rufen sich selbst bei ihrem Umfeld in Erinnerung und sie beachten die einzelnen Mitglieder ihres Beziehungsnetzes. Das Bedürfnis, beachtet zu werden, und die Bereitschaft, andere ebenfalls zu beachten, bilden die Voraussetzung für das Funktionieren zwischenmenschlicher Kontakte. Die positiven Aspekte dieser Kontaktpflege werden oft übersehen, wenn es darum geht, Nutzen und Risiken von Social Media zu kommentieren.

Viele Leute haben das Bedürfnis, permanent in Kontakt mit ihrem Umfeld zu sein. Ohne Netz fühlen sie sich isoliert und ausgeschlossen. Die permanente Kommunikation gehört zum Alltag. Allgemein wird beklagt, dass es heute immer schwieriger werde, sich auf eine Arbeit zu konzentrieren. Das Ablenkungspotenzial durch die neuen Kommunikationsmöglichkeiten und das Internet sei enorm. Die Schule ist mit diesem Phänomen in besonderem Maße konfrontiert. Viele Lehrpersonen reagieren hierauf zu rigoros, indem sie die Nutzung von Smartphones und des Internets im Unterricht verbieten. Damit schafft man eine Situation, die kaum ein Abbild der Realität darstellt, auf die sich die Schule ansonsten gern bezieht. Ferienlager werden zu veritablen Dschungelcamps, aus denen ein verzweifelter kollektiver Aufschrei ertönen würde, bliebe er aufgrund des rigiden Handyverbotes nicht ungehört. Die Pädagogen erklären mit leuchtenden Augen, welche nachhaltigen Erfahrungen die Jugendlichen im Lager gemacht hätten – in völliger Unkenntnis der Kommentare, welche die unterdessen »Geretteten« ihrem Freundeskreis über die vergangenen Tage zukommen ließen.

Das Ablenkungspotenzial der digitalen Medien ist zugegebenermaßen hoch. Die Erfahrung zeigt, dass wir dazu neigen, Veränderungen mit Ausgrenzung zu begegnen, weil sie uns verunsichern. In den 50er-Jahren des 20. Jahrhunderts wurden Phänomene wie Rock and Roll, Comics und Fernsehen auf dieses Weise als Gefahr für die gesunde Entwicklung eines jungen Menschen gesehen. Heute nehmen Computerspiele, Chatrooms und Videoclips diese Rolle ein. Wir glauben, dass man die mit den digitalen Medien verbundenen Gefahren weder dramatisieren noch ignorieren sollte. Entscheidend ist, dass und wie wir mit den Ablenkungen umgehen können, mit denen wir praktisch in allen Lebenssituationen konfrontiert sind.

Was heißt das für die Schule?

Empathie, Verständnis, Respekt, also die wesentlichen Komponenten für soziale Intelligenz, sind Voraussetzungen für das Funktionieren jeder Gesellschaft. Intelligentes Handeln wird durch Lernprozesse gefördert. Damit kommt der Schule als Lernort bei der Förderung der sozialen Intelligenz eine besondere Rolle zu. Die digitalen Medien ermöglichen sowohl spontane wie auch vielfältige Möglichkeiten, mit seiner Umwelt in Kontakt zu treten. Die Schule hat die Aufgabe, diese Vielfalt zu ordnen. Wie eine solche Klassifikation von Kommunikationsdiensten aussehen könnte, skizzieren wir an zwei Beispielen.

E-Mail

Sie ist eine asynchrone Kommunikationsform, was ihr Vorteil ist. Sender und Empfänger müssen nicht gleichzeitig verfügbar sein. Diese fehlende Synchronizität ist aber gleichzeitig auch ihre Schwachstelle. Missverständnisse und Pannen können im Unterschied zu einem Gespräch unter Anwesenden nicht unmittelbar behoben werden. Die E-Mail eignet sich gut für einen Kontakt mit fremden Personen, weil ihr Inhalt oft ein Anliegen zum Gegenstand hat – ganz gemäß dem traditionellen Dreiklang Anlass-Absicht-Begründung. Sie lässt sich archivieren und hat in vielen Fällen den Charakter eines Beleges und damit eine hohe Verbindlichkeit. Die E-Mail zeichnet sich durch Sachlichkeit, Höflichkeit und eine gewisse Distanz aus. Man kann einer E-Mail Dateien anhängen, die im Umfang sogar um einiges gewichtiger sein können, als dies früher bei den einfachen Geschäftsbriefen möglich war. Die Kommunikation ist rein verbal. Signale der Mimik und der Gestik entfallen und können durch Emoticons nur in beschränktem Maße und eher im privaten Kontakt wettgemacht werden.

Soziale Netzwerke

Sie weisen einen hohen Grad an Synchronizität auf. Man kann in kurzer Zeit viele Leute erreichen. Die Empfänger können die Nachrichten auf einfache Weise und sofort weiterverbreiten und kommentieren. Es ist mit einfachen Mitteln möglich, offene oder geschlossene Expertengruppen, Peergroups und Interessengemeinschaften zu bilden, die ihren Interessen entsprechend einen regen Austausch pflegen können. Lebhaftigkeit und Spontaneität charakterisieren dieses Medium, was aber gleichzeitig zu seinem Nachteil werden kann. Beiträge können sich rasch verselbstständigen und Diskussionen können aus dem Ruder laufen. Als Mitglied eines sozialen Netzwerks läuft man zudem Gefahr, von Beiträgen eingedeckt zu werden, die keine Relevanz haben (Feriengrüße, Haustiere, Babyfotos) und die den Kommunikationskanal buchstäblich verstopfen. Anstelle des unsinnigen Wettstreits um möglichst viele Freunde und Follower verlangt eine zielgerichtete Nutzung sozialer Netzwerke eine ständige und konsequente Pflege des eigenen Kontaktnetzes. Beispielsweise kann man sich vornehmen, unwichtige Kontakte jedes Mal zu entfernen, wenn man einen neuen Kontakt hinzufügt (In-Out-Prinzip).

Zur sozialen Intelligenz gehört auch der kompetente Umgang mit dem Phänomen des Ablenkungspotenzials der digitalen Medien. Es stellt sich grundsätzlich die Frage, in welchem Umfang diese Gefahr durch Computer und Internet zugenommen hat. Es gab und gibt Lernende, die mit bestimmten Themen nichts anfangen können oder wollen. Dann gibt es den Typus, der überhaupt mit allem, was mit Schule zu tun hat, auf Kriegsfuß steht. Schließlich gibt es noch Schüler, die sich für alles und jedes interessieren, was um sie herum vorgeht. Ihnen fällt es schwer, Eindrücke und Interessengebiete einzugrenzen. Von diesen drei Typen sprechen wir nicht, weil sie nicht Opfer eines neuen Phänomens sind. Sie können aber durchaus zu jenen gehören, die durch die Ablenkung durch digitale Medien betroffen sind. Im Folgenden betrachten wir nur das Ablenkungspotenzial, das ursächlich durch die digitalen Medien besteht. Dieses zeigt sich in Unterrichtssituationen besonders stark, weil die Lernenden das Internet quasi mit sich tragen. Schulen neigen dazu, ein generelles Verbot der Nutzung digitaler Geräte im Unterricht zu verhängen, und glauben, damit das Problem gelöst zu haben. Dass sie mit diesem Vorgehen ein gesellschaftliches Phänomen ausblenden, steht jedoch im Widerspruch zu ihrer Aufgabe. Wer, wenn nicht die Schule, hat sich diesem Phänomen zu stellen und die entsprechende Kompetenz aufzubauen?

Der Lebenswirklichkeit entsprechend und im Sinne der Förderung der sozialen Intelligenz muss das Potenzial der neuen Kommunikationsformen innerhalb und außerhalb der Schule aufgezeigt werden. Es können Regeln für die Kommunikation erarbeitet werden, indem man die Lernenden auffordert, ihre Anliegen und Vorbehalte einzubringen. Dieses Vorgehen entspricht einer Tradition der Schule, Phänomene des Zusammenlebens zu thematisieren und sich neuen Gegebenheiten anzupassen.

Wie macht die Schule das?

Die wichtigsten Grundregeln einer erfolgreichen Kommunikation gelten auch für das digitale Zeitalter. Die bekannten Kommunikationsmodelle (zum Beispiel das Vier-Seiten-Modell von Friedemann Schulz von Thun oder die Kommunikationstheorie von Paul Watzlawick) behalten nach wie vor ihre Gültigkeit. Im Unterricht können die aktuellen Kommunikationsformen mittels dieser Modelle auf ihre Eigenheiten hin untersucht werden. Das Unterrichtsmaterial dazu findet man im Netz. Anhand von einzelnen Facebook-Seiten von Schülerinnen und Schülern können typische Merkmale der Nutzung sozialer Netzwerke im privaten Umfeld identifiziert werden. Vielleicht entsteht als Resultat eine Liste von Dos und Don'ts, um nur ein Beispiel für ein Lernprodukt zu nennen. Die Auftritte einzelner Unternehmen in Social Media bieten Gelegenheit, Marketingstrategien zu vergleichen und zum Beispiel branchenspezifische Gemeinsamkeiten und Unterschiede zu entdecken. Die eigene Schulwebsite kann analysiert und bewertet werden, indem man Kriterien wie Zielpublikum, Werbewirksamkeit, PR-Effekte und Informationsgehalt klärt. Anschließend überprüfen die Lernenden anhand dieser Kriterien die Qualität der Schulwebsite aus der Sicht verschiedener potenzieller oder tatsächlicher Adressaten. Als Lernprodukt könnten Verbesserungsvorschläge zur Weitergabe an die Schulleitung erstellt werden.

Anstelle der Schulwebsite können natürlich auch die Webauftritte von politischen Parteien, NGOs, Musikern usw. unter die Lupe genommen werden.

Welche Spezifika zeigt ein Austausch in einem Gruppenchat? Ist hier beispielsweise im Vergleich zu einer Gesprächsrunde am gemeinsamen Tisch die Gefahr kleiner, dass einzelne Teilnehmer das Gespräch dominieren? Was könnten, abgesehen von technischen Problemen, die Fallstricke bei einer Videokonferenz sein? Welche Regeln gilt es zu beachten, um Blogbeiträge verständlich zu verfassen? Alle diese Beispiele zeigen auf, wie die digitalen Kommunikationsmedien zum Unterrichtsgegenstand gemacht werden können und wie sich so ein natürlicher, unverkrampfter Umgang mit ihnen entwickelt. Bei einem kreativen Umgang mit vermeintlichen oder tatsächlichen Problemen ist es seit jeher üblich, dass man diese zum Gegenstand eines Lernprozesses macht.

Wir kommunizieren heute nicht mehr mithilfe von Meldeläufern oder Briefboten. Genauso müssen die Lehrpersonen mit ihren Schülerinnen und Schülern außerhalb unterrichtlicher Präsenzzeiten mit den heute gängigen, meist digitalen Mitteln kommunizieren. Die Wahl dieser Mittel orientiert sich nicht an den technischen Möglichkeiten, sondern an Maximen wie Einfachheit, Schnelligkeit und Brauchbarkeit. Das Nichtpräsenzlernen, also das Lernen außerhalb des Schulzimmers, wird zunehmend einen größeren Stellenwert erhalten. Diese Lernform verlangt unkomplizierte Kommunikationsformen zwischen den Beteiligten. Die Kommunikation untereinander werden die Lernenden weitgehend selbstständig regeln. Für die Kommunikation mit den Lehrpersonen braucht es Abmachungen bezüglich der Wahl des Mediums, der Erreichbarkeit, den zu erwartenden Reaktionszeiten und der Form einer Mitteilung.

Die ständige Verbindung mit den für uns interessantesten Mitmenschen ist eine Versuchung und eine oft willkommene Alternative zum »Warten auf bessere Zeiten«, was der Unterricht hin und wieder sein kann. Lehrpersonen stehen vor der Entscheidung, ob sie mit Repression oder einer gewissen Gelassenheit reagieren sollen. Verbote sind kaum eine gute Lösung. Man kann nicht in die Köpfe der Schülerinnen und Schüler hineinschauen. Ihnen wird es immer möglich sein, innerlich zu emigrieren und mit ihren Gedanken spazieren zu gehen. Was also nicht eingefordert werden kann, soll auch nicht eingefordert werden. Gefragt ist Gelassenheit. Achtung: Gelassenheit ist nicht zu verwechseln mit Gleichgültigkeit. Lehrpersonen sind nicht nur für Inhalte zuständig, sondern auch für das Schaffen einer Lernatmosphäre. Sie haben also Maßnahmen zu ergreifen und Regeln durchzusetzen, wenn das Klassenzimmer zum Partyraum zu verkommen droht.

Das Schaffen einer produktiven Lernatmosphäre ist oft eine Gratwanderung für die Lehrerin und den Lehrer. Lernende, die während der Bearbeitung von Aufgaben kurz mal »ihre Kontakte checken«, machen nur das, was sie auch zu Hause tun würden. Es ist nicht jedes Mal angebracht, sie deswegen zurechtzuweisen, es sei denn, die Qualität der Arbeiten stimmt nicht oder die Fertigstellung eines Auftrages innerhalb der vorgegebenen Zeit ist nicht gewährleistet. Eine gewisse Großzügigkeit ist angebracht. Man mag dieses Abschweifen bedauern, muss aber doch eingestehen, dass das latent vorhandene Interesse an Neuigkeiten sozialer Art ein gesellschaftliches Phänomen darstellt. Es ist zu vermuten, dass es ebenso wenig zur Verdummung führt, wie die Comics und der Rock and Roll.

Das Ablenkungspotenzial der digitalen Medien soll außerdem zum Gegenstand eines Lernprozesses gemacht werden. Welche Regeln gilt es in der Arbeitswelt oder im Privatleben zu beachten? In welchen Fällen ist eine gewisse Ablenkung zugelassen, wann wird höchste Aufmerksamkeit verlangt? Dazu können zum Beispiel die Tätigkeiten verschiedener Berufe verglichen oder Situationen aus dem Alltag gesammelt werden, in denen zu große Ablenkung schwerwiegende Konsequenzen haben kann. Anhand von eigenen Experimenten erhalten die Lernenden ein Gefühl für den Zusammenhang zwischen Multitasking und eigener Arbeitseffizienz. Um wie viel langsamer wird eine Mathematikaufgabe gelöst, wenn man gleichzeitig Musik hört? Um wie viel, wenn man gleichzeitig mit Kolleginnen eine Diskussion zu einem anderen Thema führt? Wann bietet Musik, beziehungsweise eine bestimmte Art von Musik, sogar eine Hilfe beim Verrichten von Arbeiten?

Was muss ich wissen und können?

So wenig wie Lehrpersonen vorstellbar sind, die das Abc nicht beherrschen, so wenig sind Lehrpersonen ohne ausreichende Kenntnisse und Fähigkeiten im Bereich digitaler Medien denkbar. Voraussetzung ist unter anderem ein Basiswissen darüber, welche digitalen Kommunikationsmöglichkeiten heute genutzt werden, als auch der Mut, diese im Unterricht zu thematisieren und einzusetzen. Dabei geht es weniger darum, die technischen Details der zur Verfügung stehenden Werkzeuge zu kennen. Dieses Wissen bringen die Lernenden in der Regel selbst mit. Vielmehr sollen die Werkzeuge in ein größeres Ganzes eingeordnet werden und ihre Eignung je nach Zielsetzung reflektiert werden.

Lernende, die sich im Unterricht nicht konzentrieren oder motivieren können, sind in Schulen ein Dauerthema. Unsere durch Medien und Beschleunigung geprägte Lebenswelt macht die Aufgaben der Schulen nicht einfacher. Es bleibt eine zentrale, wenn auch schwierige Aufgabe für die Lehrpersonen, den Unterricht gezielt zu strukturieren und zu lenken. Gerade angesichts der Fülle von Informationen ist die Auswahl der Inhalte, die gelernt werden sollen, von großer Bedeutung. Jugendliche verlieren sich leicht in der anonymen Welt des Internets. Die Förderung der Fähigkeit zur Gemeinschaft, sei es als Lerngruppe, als Klasse oder als Schulhaus, unterstützt die Jugendlichen dabei, einen selbstbestimmten Weg im Dickicht der Belanglosigkeit zu finden. Lehrpersonen, welche die Nutzung digitaler Medien im Unterricht verbieten, führen einen Kampf gegen Windmühlen. Die »alte Schule« kann mit einem Indoor-Klettergarten verglichen werden: klar abgegrenzt, kontrolliert und sicher. Die Schule heute ist in unwegsamem Gelände unterwegs, voller Überraschungen, schöner Erlebnisse und auch Gefahren. Die erfolgreiche Lehrperson versteht sich als sachkundige Begleiterin in der realen Welt.

Beispiele aus dem Unterricht

BEISPIEL 1 **Neue Kontakte knüpfen, um Informationen zu beschaffen**

Vera beschäftigt sich im Rahmen eines größeren Projekts mit den Auswirkungen des Gletscherschwundes auf den Tourismus. Sie recherchiert im Web und findet einige Informationen dazu. Die Resultate befriedigen sie aber nicht. Sie überlegt sich deshalb, neue Wege zu beschreiten. Bei ihrer Recherche ist sie auf eine NGO in Nepal gestoßen, die sich mit Umweltfragen beschäftigt. Vera beschließt, sich in einem kurzen, selbstgedrehten Video auf Englisch vorzustellen, und schickt dieses Video zusammen mit ihren detaillierten Fragen an die NGO. So gelingt es ihr, Kontakte vor Ort zu knüpfen. Die Mitarbeiter der NGO schicken ihr Bilder und weiterführende Dokumentationen. Zudem führen sie zwei kurze Interviews mit einem Hoteldirektor und einem Bergführer durch, die sie für Vera in einem Video festhalten. Veras Arbeit wird durch diese Informationen vor Ort und dank den Videointerviews mit den betroffenen Personen sehr authentisch und geht weit über das Zusammentragen von Informationen mit der Wikipedia und Suchmaschinen hinaus.

Vielfach wird vergessen, dass wir das Web nicht nur zur Recherche benutzen, sondern auch persönliche Kontakte aufbauen können. Nachdem große Teile der Welt ein globales Dorf geworden sind, ist es einfacher möglich, mit anderen Dorfbewohnern zu kommunizieren. Dazu muss man sich gut überlegen, wen man wie (E-Mail, Skype, soziale Netzwerke usw.) kontaktiert und wie man eine vertrauensvolle Beziehung aufbauen kann. Höflichkeit und Respekt bleiben Maßstäbe für eine gelungene Kommunikation. Die Wahl geeigneter Kommunikationskanäle und grundlegende Regeln zwischenmenschlicher Kommunikation waren und sind ein Thema für die Schule.

BEISPIEL 2 **Ein Netzwerk aufbauen und gemeinsam ein Projekt umsetzen**

Die Schule möchte eine Sternwarte einrichten. Ein Schüler kommt auf die Idee, eine Crowdfunding-Plattform (Schwarmfinanzierung) einzurichten, wo die Leute für das Projekt Geld spenden können. Die Plattform ist, basierend auf einer kostenlosen Crowdfunding-Lösung im Netz, schnell erstellt und online geschaltet. Nachdem alle Verwandten und Bekannten der Klasse einen kleinen Beitrag gespendet haben und die erste Euphorie verflogen ist, dümpelt das Projekt vor sich hin. Es fehlen noch rund zwei Drittel der benötigten Gelder und es fehlt auch zunehmend an neuen Ideen und an dem Willen, das Projekt zu einem erfolgreichen Abschluss zu bringen.

Es ist heute technisch sehr einfach, eine Kampagne für ein Produkt oder eine Idee zu starten. Das kann dazu verführen, sich schnell und unüberlegt in Projekte zu stürzen, ohne über ein klares Konzept zu verfügen und sich über die langfristigen Konsequenzen Gedanken zu machen. Die Eingrenzung des Adressatenkreises einer Kampagne vermeidet unnötige Streuverluste und ist ein unverzichtbarer Teil jeder Marketingkampagne. Die technische Verwaltung einer Web-Plattform ist kein Garant für eine erfolgreiche Kampagne. Die wichtigsten Konzepte erfolgreichen Marketings sind technologieunabhängig, können aber im Unterricht an verschiedenen Stellen am Beispiel digitaler Medien thematisiert werden.

BEISPIEL 3 **Unüberlegten Äußerungen in den Medien vorbeugen**

Eine interessante Studienreise nach Berlin wird mit einem lustigen Abend in einem Biergarten abgeschlossen. Am Tisch werden viele Bierhumpen vor dem Lehrer aufgestapelt. Ein Schüler macht ein Foto und stellt es gleich auf die Facebook-Seite der Schule. Zwei Tage später beschwert sich in der Lokalpresse ein Leser über Alkoholexzesse an dieser Schule und entfacht damit eine hitzige Diskussion. Die Schulleitung veranlasst umgehend die Entfernung des Fotos und wird sogleich mit dem Vorwurf konfrontiert, diesen Skandal vertuschen zu wollen. Die Aufsichtsbehörde der Schule schaltet sich ein, eine Politikerin verlangt in einem parlamentarischen Vorstoß Aufschluss und klare Regelungen für schulische Anlässe. Ein banales, unüberlegtes Foto hat eine nie erwartete Diskussion ausgelöst.

Mit digitalen Medien erzielt man schnell eine große Breitenwirkung. Damit steigt auch das Risiko, die negativen Folgen einer Mitteilung zu unterschätzen. Man löst schnell eine unerwünschte Lawine aus. Anhand prominenter Beispiele können im Unterricht die Entstehung und der Verlauf solcher Entwicklungen analysiert werden. Beispiele sind der deutsche Bundestagsabgeordnete, der per richterlicher Verfügung seine angebliche Stasi-Vergangenheit aus der deutschsprachigen Wikipedia entfernen lassen wollte und so erst richtig zum Thema wurde. Oder der Versuch eines großen Lebensmittelkonzerns, die Kampagne einer Umweltschutzorganisation zu stoppen, welche die Bedrohung der Lebensräume von Orang-Utans zum Inhalt hatte und den Konzern in die Verantwortung nehmen wollte.

Umfassende weitergehende Informationen und Beispiele zum Thema finden sich auch im Artikel »Shitstorm« auf der Wikipedia. Das Beispiel zeigt, wie man heute mit digitalen Medien etwas über digitale Medien lernen kann.

BEISPIEL 4 **Private Nachrichten sind oft attraktiver als der Unterricht**

Im Sprachunterricht soll ein Text bearbeitet werden. Die Schülerinnen und Schüler arbeiten selbstständig auf ihren mobilen Endgeräten. Der Lehrer beobachtet die Lernenden. Plötzlich kichert einer der Schüler. Andere ändern laufend ihre Mimik, tippen kurz auf die Tastatur, schauen auf den Bildschirm, tippen erneut. Eine Schülerin zeigt ein verdächtiges Pokerface. Zwei Schüler starren schon länger gebannt auf den gleichen Bildschirm. Anscheinend wird nicht überall am erteilten Auftrag gearbeitet.

Die Lehrperson ist genervt und könnte erklären, dass man in ihrem Unterricht nicht aufpassen müsse. Das mag pädagogisch wenig angemessen erscheinen, hat aber neben einer gewissen Ironie den Vorteil, dass ein Ruck durch die Klasse geht. Die Lehrperson kann auch hin und wieder einen Rundgang im Klassenraum machen und einzelne Lernende auf ihre Arbeitshaltung ansprechen. In Situationen des Frontalunterrichts (zum Beispiel Lehrervortrag, Präsentation einer Schülerin) kann vorab die Aufforderung »Bitte klappen Sie alle ihre Notebooks zu!« oder »Drehen Sie Ihr Tablet um!« erfolgen. Diese Empfehlung wird aber über kurz oder lang hinfällig werden, weil die Miniaturisierung der Geräte weiter voranschreitet und sich Computer eingebettet in Brillen oder Armbanduhren nur schwer auf diese Weise kontrollieren lassen. Es gibt im Unterricht aber auch immer wieder kleine Unterbrechungen oder man kann solche gezielt als Auflockerung einbauen. Dazu könnte die Lehrperson zum Beispiel eine zweiminütige Chat-Pause deklarieren. Die Lernenden können ihre Kontakte schnell überprüfen. Damit werden mitten im Unterricht Spannungen abgebaut und die Lernenden arbeiten anschließend möglicherweise konzentrierter.

Kritisches und flexibles Denken

Die Fähigkeit, durch selbstständige
Denkleistung Lösungen und Antworten zu
finden, die über das hinausgehen, was
herkömmlich oder regelbestimmt ist

Kritik hat stets die Eigenschaft, Bestehendes zu hinterfragen, gegebenenfalls abzulehnen und auszuwählen. Kritisches Denken geht einher mit der Fähigkeit und dem Mut, Kritik zu formulieren und zu äußern. Falls eine Gesellschaft sich entwickeln und das Individuum nicht einfach zu einem angepassten Vollzugs- und Konsumwesen erzogen werden soll, was durchaus im kurzfristigen Interesse großer wirtschaftlicher und möglicherweise auch politischer Machtgebilde sein könnte, ist geäußerte Kritik eine Voraussetzung für Veränderungen und Verbesserungen. Diese Funktion der Kritik ist nicht neu. Neu ist, dass die Notwendigkeit, kritisch zu sein und Kritik zu üben, zunimmt, je größer der Einheitsbrei an Informationen wird und je mehr Macht sich hinter diesem konzentriert. Dieser Einheitlichkeit stehen zwar vielfältige Möglichkeiten gegenüber, seine Meinung kundzutun. Gerade diese führen aber dazu, dass eine Meinungsäußerung in der Menge kaum beachtet wird. Profil oder Persönlichkeit sind deshalb ein umso größeres Kapital. Paradoxerweise toleriert die Arbeitswelt diese Kritikfähigkeit in Führungspositionen, die man oft nur erreicht, weil man zu kritisieren verlernt hat. Das bedeutet, dass das Individuum neben der Fähigkeit und dem Mut zur Kritik auch eine strategische Fähigkeit entwickeln muss, um Zu- und Umstände wirkungsvoll infrage zu stellen und zu verändern.

Mächtige Konzerne wie Google, Microsoft, Apple oder Amazon – alles Unternehmen, die erst mit der Digitalisierung der Gesellschaft groß geworden sind – verlangen von den Usern ebenfalls strategisches Verständnis. Diese Quasi-Monopole erzeugen neue Abhängigkeiten und das Individuum läuft Gefahr, seine Eigenständigkeit zu verlieren. Oft merken wir nicht einmal, dass wir fremdgesteuert sind oder uns wichtige Informationen vorenthalten werden. Durch »Big Data« sind wir als Konsumenten längst zum gläsernen Menschen geworden. Unternehmen und Institutionen sammeln über uns Informationen, verknüpfen sie, tauschen sie untereinander aus und verwenden sie für gezieltes Marketing. Wer sich eine Bergsteigerausrüstung kauft, muss nicht nur damit rechnen, in Zukunft vermehrt Werbung für Outdoor-Aktivitäten zu erhalten, sondern muss als Mitglied einer Risikogruppe auch mit höheren Versicherungsprämien rechnen. Leute, die ihre persönlichen Daten schützen wollen, indem sie beispielsweise Kundenkarten ablehnen oder sich von Social Media fernhalten, geraten in Rechtfertigungszwang. Wer dieser Entwicklung nicht taten- und wehrlos gegenüberstehen will, braucht ein Verständnis für die Zusammenhänge in unserer vernetzten Welt. Der Wert des Individuums wird in Zukunft davon abhängen, wie gut es seine eigenen Möglichkeiten, seinen Einfluss und seine Grenzen beurteilen kann.

Die digitale Entwicklung hat die Arbeitswelt grundlegend verändert. Sie führt zu einer Zunahme von automatisierten Abläufen. Routinearbeiten werden überflüssig, der Trend zu Monopollösungen und Standardisierung verstärkt sich. Viele Tätigkeiten, die früher mit großem Aufwand verbunden waren, lassen sich per Knopfdruck erledigen. Auf der anderen Seite nimmt die Komplexität in unserem Umfeld aufgrund der Vernetzung und der Globalisierung zu. Dies zeigt sich dann, wenn komplexe Systeme, zum Beispiel im Verkehr, in der Energieversorgung oder in Kommunikationsnetzen, nicht mehr einwandfrei funktionieren. Plötzlich sind rasche und differenzierte Lösungen gefragt, die ein fundiertes Verständnis dieser Systeme voraussetzen. Diese neuen, hohen Anforderungen sind ein Grund dafür, dass eine gute Bildung über die Vermittlung von Faktenwissen hinausgehen muss. Sehr gut lässt sich dies am Beispiel der Aufgaben der Piloten auf einem Langstreckenflug illustrieren: Die modernen Flugzeuge sind äußerst komplexe Systeme und fliegen mithilfe ausgeklügelter Technologien überwiegend im Autopilot-Modus. Die Tätigkeit der Piloten beschränkt sich weitgehend auf das Überwachen der zahlreichen Instrumente. Sobald aber Probleme auftreten, sind die

Piloten massiv gefordert. Für diese seltenen Fälle benötigen sie Flexibilität, Improvisationsgabe, Erfahrung und den Mut, zu entscheiden.

Was heißt das für die Schule?

Für die Schule ist die Förderung von kritischem und flexiblem Denken eine Kernaufgabe. Nach Benjamin Blooms bekannter Taxonomie der Lernziele im kognitiven Bereich besetzen die Analyse, die Synthese und die Evaluation die oberen Stufen der Zielhierarchie. Kritisches, flexibles und kreatives Denken setzt aber die Offenheit der Umgebung voraus. Der Anspruch, dass eine Verneinung stets konstruktiv sein muss, ist eine Zumutung. Kritik darf etwas ablehnen – auch wenn sie keine Alternative bereithält.

Die Schule hat unserer Ansicht nach die Aufgabe, darauf hinzuweisen, dass unser subjektives Denken fehlerhaft sein kann. Denkfehler können ein ganzes Denksystem als faszinierendes Gebäude erscheinen lassen, obwohl es auf falschen Annahmen beruht. Außerdem neigen Menschen dazu, ergebnisorientiert vorzugehen, also bereits im Voraus zu bestimmen, was nach einem (Denk-)Prozess herauszufinden wäre. Schülerinnen und Schüler sollen darauf aufmerksam gemacht werden, dass das Denken eine bestimmte Qualität haben muss. Auch wenn wir Robert M. Pirsigs These in »Zen und die Kunst ein Motorrad zu warten« zustimmen, dass sich Qualität nicht genau definieren lässt, gehen wir davon aus, dass sich das Denken einer gewissen Anstrengung aussetzt und sich der Beweise, der Argumente und der gestalterischen Inspiration bedienen sollte. Entweder werden unsere Ansichten oder Einfälle – beziehungsweise jene der anderen – durch Argumente und Beweise gestützt oder sie sind widerlegbar. Die Schule – davon sind wir überzeugt – ist das ideale Labor, um Kritik zu formulieren und den Umgang mit ihr zu üben. Es wird ausprobiert, was geht, was scheitert und was strategisch sinnvoll ist.

Wie macht die Schule das?

Um Kompetenzen wie Kritikfähigkeit und flexibles Denken zu fördern, bieten sich spezifische Unterrichtsmethoden wie die Projektmethode, Fallstudien oder entdeckendes Lernen an. Sie alle sind durch eine große thematische Offenheit und eine hohe Eigenaktivität der Lernenden geprägt und nicht von einer bestimmten Technologie abhängig. Lehrpersonen können auch im Umfeld digitaler Medien bekannte Vorgehensweisen und Methoden einsetzen. Sprachunterricht wird zunehmend Unterricht mit der Sprache, also Anwendungsunterricht. Die traditionelle Diskussion wird ihren Platz behaupten oder ausbauen. Die sogenannte amerikanische Debatte ist eine Möglichkeit, wie Meinungen ausgetauscht und infrage gestellt werden können. Standpunkte und Argumente zu einem Ereignis werden im Netz gesichtet und geprüft. Die Qualität von Informationen wird anhand von Argumenten oder Indizien bewertet. Die Bewertung selbst wird zu einem Lerngegenstand.

Die digitalen Medien bringen Aspekte mit sich, die sich die Schule zunutze machen kann. Die Menge an zur Verfügung stehenden Informationen zu einer Fragestellung und deren Aktualität erlauben es im Unterricht, realistische oder zumindest realitätsnahe Problemstellungen als Ausgangspunkt für Projekte zu nehmen. Verschiedene Informationsdienste bieten den Lernenden ein breites Meinungsspektrum zu aktuellen Fragestellungen. Das Netz bietet eine Fülle von Daten, Berichten und Diskussionen. Übersetzungsdienste ermöglichen Zugang zu anderen Sprachregionen und Kulturkreisen. Soziale Netzwerke spiegeln die Meinung von direkt Betroffenen wider. Das geht so weit, dass potenziell jeder zum Reporter werden kann. Nachrichtenredaktionen stützen sich zum Beispiel bei der Berichterstattung eines Flugzeugabsturzes längst auf Bild- und Tonmaterial ab, das von Augenzeugen vor Ort erstellt worden ist.

Die Lernenden werden beim Recherchieren durch digitale Werkzeuge unterstützt. Sie bereiten die gesammelten Daten und Informationen auf und suchen Ergebnisse oder Lösungen. Blogs, Wikis oder soziale Netzwerke ermöglichen es, gewonnene Erkenntnisse rasch und multimedial aufzubereiten und andere daran teilhaben zu lassen. Lernende werden selbst Reporter. Lehrpersonen bieten Hilfe, indem sie den Prozess beobachten und allenfalls unterstützen.

Die Möglichkeit, sich in Onlinediskussionen einzubringen, eröffnet eine weitere Dimension. Auf diese Weise können Feedbacks aus dem außerschulischen Bereich eingeholt werden. Diese Rückmeldungen fallen oft deutlicher und ungeschminkter aus, als man sich das in der Schule gewohnt ist. Die Kommentare zu Zeitungsartikeln vermitteln einen Eindruck von der Feedback-Kultur im Netz.

Was muss ich wissen und können?

Die Lehrperson muss sich der Schwächen des eigenen Denkens bewusst sein und einen eigenen Standpunkt vertreten können. Wir beobachten immer wieder, dass gerade Lehrpersonen dazu neigen, ergebnisorientiert zu arbeiten. Das ist an sich nicht schlecht und entspricht in der Regel auch ihrem Auftrag. Wo es aber um individuelle Meinungen geht, müssen sich Lehrpersonen dessen bewusst sein, dass Ergebnisorientierung die Debatte behindert. Sie sollten es als Auftrag erachten, ihre Standpunkte hinterfragen zu lassen, sie selbst zu hinterfragen, andere Standpunkte kritisch zu prüfen und ihre Kritik zu äußern. Sie machen den Unterschied zwischen Gleichgültigkeit und Toleranz klar. Toleranz braucht – im Gegensatz zur Gleichgültigkeit – eine individuelle Anstrengung, zu der die Schule animiert, indem sie Argumente für eine tolerante Haltung formulieren lässt.

Falls der Unterricht die Kritikfähigkeit und die Flexibilität im Denken der Lernenden fördert und falls die gewählten Unterrichtsmethoden zu ermutigenden Ergebnissen führen, haben standardisierte Tests, ausgerichtet auf leicht prüfbares Faktenwissen, im Unterricht nichts mehr zu suchen. Gefragt sind Formen der Leistungsbeurteilung, die zum Beispiel Ergebnisse aus Gruppenarbeiten abdecken und den Lernweg oder das Dokumentieren eines Irrtums berücksichtigen. Portfolios und Projektdokumentationen sind Beispiele solcher Beurteilungsinstrumente.

Für kritisches und flexibles Denken sind die Wände des Klassenzimmers oft zu eng. Die digitalen Medien bieten Möglichkeiten, sich außerhalb der Schule zu informieren, Kontaktnetze aufzubauen oder Ratschläge und Meinungen einzuholen. Informatiker bedienen sich heute großer Programmbibliotheken und Frage-Antwort-Plattformen, auf denen sich Experten in einem Gebiet austauschen und sich gegenseitig über große Distanzen und Sprachbarrieren hinweg unterstützen. Ein Schreiner nutzt vergleichbar eine große Bibliothek von standardisierten Beschlägen, Fensterformaten und Werkzeugen. Die Nutzer einer Finanzsoftware für kleinere und mittlere Städte schließen sich zusammen, um auftretende Probleme gemeinsam anzupacken. Die Schülerinnen und Schüler wurden in eine vernetzte Gesellschaft hineingeboren und sind mit den Methoden kooperativer Problemlösung aufgewachsen. Lehrpersonen leiten sie an, ihre Probleme und Fragen verständlich und spezifisch zu formulieren.

Beispiele aus dem Unterricht

BEISPIEL 1 **Websites für unterschiedliche Bildschirmgrößen optimieren**

Im Ausbildungsgang Mediamatiker an einer Berufsfachschule steht das Thema »responsive design« auf dem Programm, also das Erstellen von Websites, die sowohl auf kleinen Displays (zum Beispiel Smartphone) als auch auf großen Bildschirmen (zum Beispiel PC) gut dargestellt werden. Anstatt einfach die gängigen Ansätze und Technologien einzeln zu besprechen, entscheidet sich die Lehrerin für die Unterrichtsmethode des gelenkten entdeckenden Lernens. Die Lernenden sollen erfahren, dass es für dieses Problem keine 100-prozentige Lösung gibt, sondern dass immer zwischen den Vor- und Nachteilen verschiedener Methoden abgewogen werden muss. Die Lernenden untersuchen Websites von Unternehmen aus verschiedenen Branchen und unterschiedlicher Größe auf verschiedene Aspekte hin: Darstellung aus Sicht der Nutzer, Wirtschaftlichkeit (Kosten der Erstellung und

Wartung), Einfachheit der Pflege der Inhalte, Risiko der einseitigen Abhängigkeit von gewissen Softwarelösungen usw. Aufgrund der gewonnenen Erkenntnisse entwickeln die Lernenden für die Website ihrer eigenen Lehrfirma ein Konzept zur Optimierung.

Das Beispiel zeigt, wie sich heute im Netz realitätsnahe Unterrichtsmaterialien finden, analysieren und evaluieren lassen. Die Lernenden erwerben so die für die spätere Tätigkeit in einem IT-Beruf wichtige Methodenkompetenz, bei Problemstellungen nach vergleichbaren Fällen zu suchen, deren Stärken und Schwachstellen zu analysieren und eigene Schlüsse zu ziehen. Die Lernenden erfahren zudem, dass es bei realen Problemen nur selten die optimale Lösung gibt, sondern dass je nach Gewichtung einzelner Aspekte die eine oder andere Variante mehr Vorteile bietet.

BEISPIEL 2   **Das Phänomen des Nationalismus verstehen**

Im Geschichtsunterricht geht es um das weltweite Wiedererstarken nationalistischer Bewegungen. Nach dem Ende des Kalten Krieges, mitten im Prozess der Globalisierung, entstehen überall auf der Welt Bewegungen, welche die eigene nationale Identität in den Mittelpunkt ihres Programms stellen. Wie lässt sich diese scheinbar paradoxe Entwicklung einordnen und verstehen? Basierend auf Medienberichten, Regierungsquellen und Parteiprogrammen aus verschiedenen Ländern recherchieren und analysieren die Lernenden die aktuelle Entwicklung. Die heutigen Ursachen und Formen des Nationalismus werden mit historischen Beispielen verglichen. Was waren und sind die Merkmale nationalistischer Tendenzen? Wie äußern sich solche Tendenzen? Welche Elemente bleiben über die Zeit gesehen gleich, welche verändern sich? Die Lernenden versuchen die Erkenntnisse bildlich darzustellen: in der zeitlichen Entwicklung, geografisch eingeordnet, unter wirtschaftlichen Gesichtspunkten usw.

Die scheinbar paradoxen Entwicklungen (Globalisierung versus Nationalismus) bieten zahlreiche Möglichkeiten, wichtige Anliegen des Sprachunterrichts mit jenen des Geschichtsunterrichts zu koordinieren. Die Recherche kann sich sowohl auf bestimmte Entwicklungen in den Ländern Europas wie auch auf Gemeinsamkeiten und Unterschiede in den Aussagen und Argumenten einzelner Gruppierungen beziehen. Die Aktualität, die dank der digitalen Medien garantiert ist, kontrastiert mit historischem Material. Zusammenhänge zwischen Populismus und extremen Bewegungen können ebenso aufgezeigt werden wie die Unterschiede zwischen den früheren und heutigen Bewegungen.

BEISPIEL 3 **Handwerk gestern, heute und morgen**

Aufgrund der Digitalisierung sind viele Berufe einem großen Wandel unterworfen. Waren früher Einzelanfertigungen von Möbeln oder Türen ein wesentlicher Bestandteil der Arbeit eines Schreiners, sind diese Gegenstände heute weitgehend standardisiert und können kostengünstig bei großen Unternehmen bezogen werden. Genauso verhält es sich mit Berufen der grafischen oder der Metall verarbeitenden Industrie. Auch in der Gastronomie oder in Bäckereien wird immer mehr auf vorfabrizierte Waren zurückgegriffen. Was bedeutet das für die einzelnen Berufe? Welche Fähigkeiten sind noch gefragt?

In der Berufskunde untersuchen die Lernenden einzelne Berufe. Sie wollen herausfinden, auf welchen traditionellen Berufen die heutigen Berufslehren aufgebaut sind, welche Fertigkeiten man früher erlernte und wie sich die Berufe verzweigt und entwickelt haben. Was waren die Gründe dafür, dass Firmen in den einzelnen Branchen der Wechsel zur computerisierten Fertigung gelungen oder nicht gelungen ist?

Die Berufsbilder ändern sich heute schnell und es entstehen laufend neue Berufe. Will man auch in zehn oder zwanzig Jahren auf dem Arbeitsmarkt noch gefragt sein, ist im Unterschied zu früher im beruflichen Alltag große Flexibilität gefragt. Der Blick zurück auf verschiedene Berufsbilder trägt dazu bei, die Schülerinnen und Schüler für lebenslanges Lernen zu sensibilisieren und gleichzeitig aufzuzeigen, dass man als Individuum sein Arbeitsfeld auch mitgestalten kann.

BEISPIEL 4 **Tagesaktualität unter der Lupe**

Im Französischunterricht hat es sich die Lehrerin zur Gewohnheit gemacht, die Lektionen mit einer Tagesaktualität zu beginnen. Ein Zeitungsausschnitt, ein Ausschnitt aus den Radio- oder Fernsehnachrichten, Meinungen auf Twitter – das Internet bietet viele Gesprächsanlässe zu Politik, Wirtschaft, Sport bis hin zu Klatsch und Tratsch. Heute stellt die Lehrerin das Verfahren um: Zum Fußball-Pokalfinale vom Wochenende wählen alle Schülerinnen und Schüler einen Medienbericht. In zwei bis drei Sätzen fassen sie den Medienbericht in Bezug auf die Leistung der Heimmannschaft zusammen und notieren die Sätze in einem gemeinsamen Onlinedokument in Form von Postits. Anschließend werden die Zusammenfassungen danach geordnet, ob die Medienberichte eher negativ oder positiv verfasst wurden. Nach zwanzig Minuten steht ein eindrückliches Bild der Meinungsvielfalt.

Die Wirkung von Medien und das kritische Hinterfragen von Medienberichten lassen sich bei vielen Gelegenheiten im Unterricht anhand von aktuellen Themen immer wieder von Neuem thematisieren. Auf diese Art kann die Medienkompetenz quasi nebenbei gefördert werden, sei es im Fremdsprachenunterricht, beim Analysieren von statistischen Daten in der Mathematik oder im Geschichtsunterricht beim Quellenstudium. Die Verfügbarkeit von aktuellen Meldungen aus unterschiedlichen Quellen, in unterschiedlichen Sprachen und in verschiedenen Medienformaten bietet viele kleine Lernanlässe, die das kritische Denken und Beurteilungsvermögen der Lernenden fördern.

BEISPIEL 5 **Gesundheitsvorsorge als Rollenspiel**

Eine Schülerin spielt die Rolle der Patientin und kommt zum Arzt, gespielt von einem anderen Schüler. Der Arzt fragt die Patientin, ob sie ein Health-iDing dabei habe oder ob ihre Daten online abrufbar seien. Die Patientin ist Gegnerin solcher Geräte und skeptisch gegenüber der digitalen Speicherung von Gesundheitsdaten. Der Arzt versucht die Patientin freundlich aber bestimmt davon zu überzeugen, welche Vorteile das Gerät habe und wie umständlich und kostspielig Untersuchungen würden, wenn man jedes Mal alles testen müsse. Die anderen Lernenden halten die Aussagen stichwortartig fest und unterscheiden, welche Teile Argumente und welche Teile Behauptungen oder Vermutungen sind. Eine kleine Gruppe beobachtet die Gestik und die Mimik der Akteure und kommentiert nach dem Rollenspiel die Beobachtungen.

Das geschilderte Rollenspiel lässt sich fortsetzen, zum Beispiel in einer schriftlichen Arbeit oder einer Plenumsdebatte über sinnvolle oder gefährliche Einschränkungen der persönlichen Freiheit. Die Faszination, die sich aus der Kombination aus Spieltrieb und dem technisch Machbaren einstellt, hat unsere Gesellschaft schon stark in ihren Bann gezogen. Wir scheinen nur noch einen kleinen Schritt von einer Gesellschaft entfernt zu sein, wie sie der Film »Cold Lazarus« von 1996 skizziert, in dem eine militante Splittergruppe sich von der ganzen medialen Entwicklung abwendet und »Reality, nothing but reality!« fordert. Laufen wir tatsächlich Gefahr, zu jenen gesteuerten Wesen zu werden, die uns an Orwells Roman »1984« oder an »Schöne neue Welt« von Aldous Huxley erinnern? Sind wir jene Generation, die es möglicherweise noch in der Hand hat, der totalen Durchleuchtung unserer Privatsphäre Einhalt zu gebieten? Das Rollenspiel ist die ideale Methode, andere Positionen auch emotional zu erleben. Die Schülerinnen und Schüler lernen, verschiedene Beobachtungsinstrumente zu nutzen und das Verhalten der Beteiligten zu beurteilen.

4

—

Umgang mit kultureller und sozialer Heterogenität

Die Fähigkeit, sich in unterschiedlichen sozialen und kulturellen Situationen zu bewegen und die Sichtweisen und Denkmuster anderer zu akzeptieren

Die Welt ist ein Dorf. Diese Feststellung ist eine Plattitüde, aber sie drückt aus, dass sich binnen einer Generation die Bedeutung von Entfernungen und Zeitzonen verändert hat. Wir bekommen es mit, wenn irgendwo auf der Welt ein Künstler von seiner Regierung unterdrückt wird, weil seine Kunst als Regimekritik empfunden wird. Wir nutzen auch die Möglichkeit, uns mit dem verfolgten Künstler zu solidarisieren. Wir ärgern uns über eine Schlägerei zwischen Polizisten und Demonstranten irgendwo auf dieser Welt, auch wenn das politische Anliegen mit unserem unmittelbaren Alltag nichts zu tun hat. Wir kennen den Namen irgendeiner jungen Partygängerin, die gerade mit Nacktfotos und Kokainkonsum die Glamourszene von New York belebt. Mitteilungen werden in einer großen Geschwindigkeit weitergereicht, sodass wir von einem Gleichzeitigkeitseffekt über alle Zeitzonen hinweg sprechen können. Dabei ist von einer Gleichwertigkeit der Kulturen keine Rede. Wenn beispielsweise internationale Sportveranstaltungen wie die Olympischen Spiele oder eine Fußball-WM stattfinden, dann kommt es regelmäßig vor, dass Athleten bei größter Hitze oder zu am Veranstaltungsort unüblichen Zeiten ihre Wettkämpfe abhalten, damit in den reichen Ländern die Werbespots zur besten Sendezeit ausgestrahlt werden können. Dieses Beispiel zeigt, dass das Bild eines globalen Dorfes eine Illusion ist. Wie in realen Dörfern, sind manche besser gestellt als andere. Es finden sich gut bezahlte und clevere Spezialisten wie Spin-Doctors, Werbebüros, PR-Fachleute und staatliche Stellen, die ein Interesse daran haben, dass Daten nicht nur schnell, sondern auch zweckgebunden verbreitet werden oder dass jene Mitteilungen, die ihren Interessen zuwiderlaufen, wirksam unterdrückt werden.

Die Menge der digitalen Botschaften hängt auch mit der Größe und Leistungsfähigkeit eines Kulturraumes zusammen, sodass von Leitkultur oder – etwas unfein ausgedrückt – von Kulturimperialismus gesprochen werden kann. Diese Erscheinungen führen zu Verunsicherung, Abschottung und Sehnsucht nach geordneten Verhältnissen. Einzelne gesellschaftliche Interessengruppen bedienen sich dieser Gefühle, greifen sie bewusst auf, verstärken sie und schlagen einfache Lösungen vor. Sie richten sich gegen Fremdes, gegen internationale Organisationen, gegen monopolistische Gebilde wie Google, gegen ein freies Internet.

Viele Menschen empfinden ihren »globalisierten« Wohnort zunehmend als bedrohliche Umgebung. Es ist, so scheint es ihnen, nicht mehr ihre Welt, die sie von früher her kennen. Zwar verpflegen sie sich mit Pizza und Kebab, aber schon der Kellner oder der Verkäufer ist ihnen leicht suspekt. Einige von ihnen empfinden das Fremde als derart große Bedrohung, dass sie die Entwicklung systematisch ausblenden und sich in ihre eigene kleine Welt zurückziehen. Die extremste Form dieses Rückzuges führt zu einer überzogenen Individualisierung, ohne Teilnahme am gesellschaftlichen Leben.

Die Frage ist, ob die Globalisierung es uns erlaubt, den Kopf in den Sand zu stecken und zu hoffen, dass wir von den Stürmen und Unsicherheiten verschont bleiben. Immerhin ist die Digitalisierung – der entscheidende Antrieb der Globalisierung – Teil unseres Lebens geworden und wird in Zukunft noch mehr Bedeutung erlangen. Wir sind der Meinung, dass es dem Wesen freier Menschen entspricht, eine aktive Rolle einzunehmen. Wer die Zukunft meistern möchte und wer von seinem Leben die Vorstellung pflegt, dass es ein gelingendes Leben sein soll, kann sich keine passive oder eine abwehrende Haltung erlauben. Wir haben vielmehr die Aufgabe, die uns bekannten Strategien neu zu denken, sodass wir auf neue Erscheinungen mit angepassten oder neuen Denk- und Lösungsansätzen antworten können.

Wir haben auch einiges zu gewinnen und außerdem ist, rein wirtschaftlich gesehen, die Startposition in den westlichen Ländern für eine Zukunft im »Dorf Welt« äußerst vorteilhaft. Es ist den wirtschaftlich hoch entwickelten Staaten in den vergangenen Jahrzehnten regelmäßig gelungen, die Bilanz der Entwicklungen positiv zu gestalten. Trotz der genannten Folgen wie eben Verunsicherung und Überforderung haben wir nicht nur wirtschaftlich, sondern vor allem auch kulturell stets profitiert. Alles in allem sind wir auch auf der immateriellen Seite reicher geworden. Nicht nur der Inhalt unserer Kochtöpfe ist von dieser Entwicklung geprägt, auch die Weltanschauungen und unsere Antworten auf Sinnfragen haben globale Ausprägungen erhalten.

In der Arbeitswelt ist es alltäglich geworden, dass wir mit Menschen zusammenarbeiten, die aus anderen Kulturräumen stammen. Global agierende Unternehmungen können ganze Geschäftsbereiche von heute auf morgen in ein anderes Land verlagern. Die Geschäftssitze sind nicht mehr national ausgerichtet. Das Management einer Firma orientiert sich an wirtschaftlichen Kriterien und nicht an Traditionen. Von den Berufstätigen wird eine hohe Flexibilität und interkulturelle Kompetenz verlangt.

Auch die globalen Probleme wie der Umgang mit den Rohstoffen, mit dem Klimawandel oder mit den Migrationsströmen verlangen nach Lösungen, die nur gemeinsam möglich sind. Voraussetzung dafür ist, dass eine Verständigung über kulturelle Grenzen hinweg erfolgt. Für den Einzelnen kann das eine große Herausforderung darstellen. Der Übergang von der Buch- und damit verbunden der Industriegesellschaft zur Informationsgesellschaft konfrontiert uns nicht nur global mit einer größeren Vielfalt an Personen, Meinungen, Fakten und Problemen. Auch in unserem lokalen Umfeld nimmt die Heterogenität zu, sind doch bei Menschen aus der engsten Umgebung die kulturellen, religiösen, sprachlichen und bildungsabhängigen Merkmale prägender als der Aspekt der gemeinsamen Umgebung. Die Tendenz, dass die Schere zwischen Wohlhabenden und Ärmeren größer wird, nimmt außerdem zu. Angesichts der zunehmenden Heterogenität im persönlichen Umfeld sind wir gefordert, offen und adäquat reagieren zu können.

Was heißt das für die Schule?

Die Auseinandersetzung mit der Heterogenität als Folge der Globalisierung ist ein zentraler Bestandteil der Allgemeinbildung und somit eine Aufgabe der Schule. Sie fördert das Verständnis für die interkulturelle Vielfalt. Sie zeigt auf, wie man Fremdes verstehen und als Bereicherung empfinden kann. Gleichzeitig ermittelt sie jene Werte, an denen festgehalten wird, damit die Errungenschaften und Werte der eigenen Kultur gewahrt bleiben. Sie zeigt auf, wie man aus der Vielzahl von Werthaltungen, kulturellen Normen und Verhaltensweisen eine eigene Meinung bilden und vertreten kann. Heute begegnen sich auf dem Schulhof und im Klassenzimmer Schülerinnen und Schüler aus der ganzen Welt. Diese kulturelle, sprachliche und religiöse Vielfalt bietet eine Ausgangslage, die den Pluralismus zur Selbstverständlichkeit macht.

Wie macht die Schule das?

Dienste wie Google Street View, TV-Sender wie Al Jazeera, verschiedene Sprachversionen der Wikipedia, Twitter, Onlinezeitungen aus anderen Ländern sowie Übersetzungsdienste erlauben uns jederzeit andere Länder »zu besuchen«. Fremde Kulturen und entfernte Länder können auf einfache Weise in den Unterricht eingebaut werden. Das Potenzial lässt sich zum Beispiel im Fremdsprachenunterricht und in Unterrichtssequenzen zu den Aspekten Ethik, Politik, Wirtschaft, Technik, Ökologie usw. nutzen.

Über das Beobachten hinaus bietet sich ein Perspektivenwechsel an. Im Sprachunterricht können beispielsweise verschiedene Formen der Kommunikation erörtert werden. In einem Kulturraum sagt man sehr direkt: »Diese Annahme ist falsch!« In einem anderen Kulturraum drücken sich die Menschen umständlicher aus: »Ich schlage vor, dass Sie diese Idee noch einmal überdenken.« Sowohl im Geschäftsleben wie auch im internationalen Diskurs muss beachtet werden, dass beispielsweise ein Gespräch mit Asiaten und mit Arabern durch sehr viel Smalltalk geprägt ist. Stockende Verhandlungen können mit dem Satz »Ich brauche Ihre Hilfe, um zu verstehen, was Sie meinen«, wieder in Gang gebracht werden. »Ja, wir werden sehen« oder »Ja, wir werden es versuchen« bedeutet in Indien, dass man nur deshalb nicht Nein sagen möchte, weil man sonst die Beziehung infrage stellt. Faktisch bedeuten diese Aussagen eher ein Nein. Im Netz finden sich zahlreiche sogenannte Policy Papers zur interkulturellen Kommunikation im Geschäftsumfeld, die im Unterricht zur Vertiefung des Themas genutzt werden können. Begrüßungsformen, Kleidung und Tischsitten sind weitere Beispiele für einen Perspektivenwechsel.

Aktuelle und komplexe Themen können im Unterricht aus dem Blickwinkel der verschiedenen Länder und Interessengruppen betrachtet werden. So ist es möglich, die Protokolle und Reden eines Klimagipfels oder einer internationalen Veranstaltung zu den Menschenrechten zu sichten und die Äußerungen den unterschiedlichen Interessen sowie den kulturgebundenen Prägungen und Deutungsmustern zuzuordnen. Diese Vorgehensweise führt zu einer differenzierten Betrachtung. Sie reduziert die Gefahr, in Klischees zu verharren und sich populistischer oder stereotyper Muster zu bedienen.

Was muss ich wissen und können?

Auf einfache Art einen Blick in fremde Länder und auf andere Kulturen werfen kann nur, wer die Beobachtungsinstrumente kennt und auch zu nutzen weiß. Lehrpersonen sollten sich deshalb mit den verschiedenen Möglichkeiten auseinandersetzen, beispielsweise selbst Übersetzungsdienste einsetzen und deren Möglichkeiten und Grenzen bewerten. Die Auswahl geeigneter Werkzeuge aus dem riesigen Angebot und die ersten Schritte bei der Nutzung eines Werkzeuges sprengen aber das Zeitbudget von Lehrpersonen. Hier bietet es sich an, dass sie von ihren Schülerinnen und Schülern lernen. Diese haben eine gewisse Unbekümmertheit im Umgang mit digitalen Medien. Das Einbeziehen der Lernenden macht diese zu Mitproduzenten des Unterrichts und ihres eigenen Lernens.

Die Auseinandersetzung mit anderen Kulturen und mit Heterogenität verlangt von den Lehrpersonen Offenheit und den Mut, manchmal sogar ein bisschen Dreistigkeit, unterschiedliche Sichtweisen zu riskieren. Gerade bei Themen der Weltpolitik oder bei aktuellen gesellschaftlichen Themen wird die öffentliche Meinung durch den Mainstream der Medien geprägt. Dieser vermittelt oft eine einseitige Sicht auf die Probleme, die von den breiten Massen nur allzu gern übernommen wird. Wer gegen den Strom schwimmt, die vorherrschende Meinung bewusst infrage stellt, einen Perspektivenwechsel anregt oder einen solchen von den Lernenden verlangt, setzt sich leicht Kritik seitens des Kollegiums, der Schulbehörde und der Eltern aus. Wichtig ist es deshalb, dass Lehrpersonen überzeugend darlegen können, warum interkulturelle Kompetenz und Umgang mit Heterogenität zwingend zur Allgemeinbildung gehören. Bei dieser Art von Unterricht liegt es auf der Hand, dass man der Forderung nach Objektivität nicht vollständig genügen kann. Dieser Umstand ist letztlich nichts anderes als ein Abbild der Realität, was den Lernenden stets verdeutlicht werden sollte.

Lehrpersonen sind für den sprachlichen Ausdruck im Unterricht verantwortlich. Das führt bei interkulturellen Inhalten und Ausdrucksformen dazu, dass sie ein besonderes Augenmerk auf Codes richten, die entweder globale Bedeutung haben oder sich von Kultur zu Kultur deutlich oder in Nuancen unterscheiden. So kann die Bezeichnung für eine ethnische Gruppierung in unserem Sprachraum üblich und unverdächtig sein, von der Gruppierung aber als beleidigend empfunden werden. Im interkulturellen Kontext wird von Lehrpersonen verlangt, dass sie Empathie nicht nur regional definieren. Im Internet finden sich Empfehlungen, wie sich beispielsweise Europäer verhalten sollen, wenn sie mit Asiaten in eine Verhandlungsrunde gehen, wie man sich vorstellt, wie man sich bei Tisch verhält und wie verbindlich Zusagen sind oder eben nicht sind. Sogar innerhalb eines Sprachraumes kann es bedeutende Unterschiede geben. Was eine Engländerin beleidigt, ist für eine US-Amerikanerin möglicherweise normale Kommunikation.

Beispiele aus dem Unterricht

BEISPIEL 1 **Gespräche auf internationaler Ebene**

Anlässlich eines Meetings zwischen Regierungsvertretern eines zentralafrikanischen Landes, Vertretern von Médecins Sans Frontières und Vertretern eines großen deutschen Pharmaunternehmens soll die Abgabe eines neuen Impfstoffes an die Bevölkerung diskutiert und geregelt werden. Die Schülerinnen und Schüler übernehmen die Rollen der drei Verhandlungsteilnehmer und machen sich zuerst ein Bild über deren Interessen und Ziele sowie über ihre Argumente. Einzelne schlüpfen in die Rollen der Kommunikationsberater der drei Verhandlungspartner und klären im Vorfeld, welche Regeln in der Diskussion mit den anderen Parteien unbedingt berücksichtigt werden müssen, um peinliche Pannen zu vermeiden. Die Lernenden nutzen dazu die ganze Palette von Möglichkeiten, angefangen von Richtlinien deutscher Großunternehmen für den Kontakt mit afrikanischen Regierungsstellen bis hin zu Informationen rund um Themen wie »Austausch von Geschenken« und »Korruption«. Da das Treffen in der Hauptstadt des afrikanischen Staates stattfindet, wird für die Delegation des Pharmaunternehmens auch eine kleine Übersicht zu »Land und Leuten« zusammengestellt, inklusive den zu erwartenden Temperaturen und Essgewohnheiten.

Das Rollenspiel ist die ideale Methode, andere Sichtweisen auch emotional zu erleben. Die Schülerinnen und Schüler lernen in dieser längeren Unterrichtseinheit, Beobachtungsinstrumente zu nutzen. Sie beschaffen sich Informationen zu einem anderen Kulturraum und lernen, ihr Verhalten anderen Wertvorstellungen anzupassen. Gleichzeitig lernen sie auch, das Verhalten der anderen Verhandlungsteilnehmer zu beurteilen.

BEISPIEL 2   **Den Mainstream kritisch hinterfragen**

Eine Großmacht annektiert einen Teil des Gebietes eines Nachbarstaates und wird im Großteil der Weltpresse als Aggressor gebrandmarkt. Es gibt Hinweise, dass die Bevölkerung des annektierten Gebietes sich mehrheitlich nicht in der Opferrolle sieht, sondern den Anschluss an die Großmacht sogar befürwortet. Das hat anscheinend sowohl ethnische als auch wirtschaftliche Gründe. Die Interessenlage scheint also je nach Standpunkt völlig unterschiedlich zu sein. Der Lehrer greift diese Situation auf. Die Klasse wird in drei Gruppen aufteilt. Eine Gruppe versucht die Argumente der annektierenden Großmacht zu sammeln und sich auf eine Debatte mit einer zweiten Gruppe vorzubereiten, die sich über die Stimmen der Weltpresse informiert. Eine dritte Gruppe versucht von Anfang an eine Übersicht über beide Standpunkte zu erlangen, um bei der Debatte die Rolle der neutralen Beobachterin zu übernehmen und den Parteien Fragen zu stellen.

Die hier vorgeschlagene Methode einer Debatte bietet die Möglichkeit, sowohl an der Sprache als auch an der politischen Thematik zu arbeiten. Die sprachlichen Themen sind das Argumentieren, die Kommunikation und das Auftreten vor einer »Öffentlichkeit«. Die politische Thematik dreht sich um Standpunkte und Hintergründe, aber auch um deren Aufbereitung in den Medien. Die Lernenden zu motivieren, eine vorherrschende Meinung kritisch zu hinterfragen, ist nicht einfach. Eine gute Möglichkeit für den Einstieg stellt die Verunsicherung dar. Der Lehrer kann im obigen Beispiel darauf hinweisen, wie hoch der Beliebtheitsgrad des Präsidenten der Großmacht im eigenen Land ist, was schlecht zur Rolle eines Aggressors passe.

BEISPIEL 3 **Medienberichte vergleichen**

In einer Volksabstimmung in der Schweiz spricht sich eine Mehrheit für das Verbot von Minaretten aus. Dieses Abstimmungsresultat erregt international großes Aufsehen und wird in den Medien thematisiert. Im Französischunterricht nutzt die Lehrerin den aktuellen Anlass. Die Lernenden sichten Berichte in Zeitungen, Radio und Fernsehen aus Frankreich, Algerien und Tunesien. Sie machen sich ein Bild davon und diskutieren die Unterschiede.

Im Sprachunterricht, aber nicht nur dort, ergeben sich immer wieder Gelegenheiten für kurze Unterrichtssequenzen zu aktuellen Themen. Die Themen müssen sich dabei keinesfalls nur auf politische Themen beschränken. Auch ein nicht gegebener Elfmeter bei einem Fußball-WM-Finale, die Verleihung des Chemie-Nobelpreises oder eine Naturkatastrophe können Anlass zum Vergleich kulturell unterschiedlicher Sichtweisen sein.

5

Abstraktion und Modellbildung

Die Fähigkeit, komplexe Sachverhalte und große Datenmengen in abstrakte Konzepte zu übersetzen sowie Modelle zu bilden und auszuwerten

»Das ist ein komplexes Problem!« Diese Aussage beschreibt jene Situationen, die uns allen vertraut sind: Wir haben den Überblick verloren oder glauben zumindest, dass wir ihn verloren haben. Die Komplexität der Probleme, aber auch der Lösungen hat in unserer globalisierten und vernetzten Informationsgesellschaft massiv zugenommen. Die Globalisierung der Wirtschaft hat zu weltumspannenden Großunternehmen geführt, die nahezu eine Monopolstellung innehaben. Entscheidungen des Managements oder wirtschaftliche Probleme solcher Unternehmen haben unmittelbare Auswirkungen auf uns. Manchmal haben wir das Gefühl, je weiter weg von uns die Entscheidungen getroffen werden, desto stärker betreffen sie uns persönlich. Die quasi unüberbrückbare Distanz zu den Entscheidungsträgern erzeugt ein Gefühl der Hilflosigkeit. Schwankungen auf dem Rohstoff- oder Energiemarkt oder ins Trudeln geratene Banken sind Ereignisse fernab von uns, gehen an uns jedoch keinesfalls spurlos vorbei.

Die Digitalisierung hat auch zu komplexen, untereinander vernetzten technischen Systemen geführt. Schon die von uns im Alltag benutzten digitalen Geräte weisen eine hohe Komplexität auf. Ein Rechner mit 1 Gigabyte Speicher kann $2^{8000000000}$ verschiedene Zustände annehmen, eine immense Zahl verglichen mit der geschätzten Anzahl Atome des Universums, die weniger als 2^{300} beträgt. Angesichts dieser Tatsache ist es nicht erstaunlich, dass wir oft ratlos vor Computerproblemen stehen und ein Vorgehen bei einem Rechner ein Problem behebt, bei einem vermeintlich identischen zweiten Rechner aber nicht zum Erfolg führt oder aus unerklärlichen Gründen erst nach mehrfachen Anläufen das Problem löst.

Klassische empirische Wissenschaften wie etwa die Medizin oder die Physik, aber auch die Wirtschaftswissenschaften nutzen heute Modelle und Simulationen, die von komplexen Informatiksystemen erzeugt werden. Selbst in der »reinen« Wissenschaft der Mathematik spielen computergestützte Modelle, Simulationen und Berechnungen eine immer größere Rolle. Über Jahrhunderte hinweg offene Vermutungen konnten erst mittels computergestützter Methoden bewiesen werden. Solche Beweise ziehen die Frage nach sich, inwieweit man einem Computerbeweis trauen kann oder allgemeiner formuliert, wie groß unser Vertrauen in die Intelligenz einer Maschine sein kann.

Betrachten wir für einen Augenblick die Medizin. Sie hat sich längst von einem rein empirischen Gebiet hin zu einer Wissenschaft entwickelt in der Abstraktionen, Modelle und Simulationen einen immer größeren Raum einnehmen. Grundlagen hierfür bieten die enormen Datenmengen, die aus Messungen gewonnen werden (zum Beispiel Computertomografie, Human Genom Project, Human Brain Project) und die Anwendung von Verfahren aus anderen Fachgebieten, etwa die Modellierung von Prothesen oder hochpräzise robotergesteuerte Operationstechniken. Eine Chirurgin benötigt heute neben einem umfassenden medizinischen Wissen auch ein fundiertes Verständnis für Datenzusammenhänge und Informatiksysteme.

In traditionellen Bereichen wie der Landwirtschaft oder in Handwerksberufen ist die Technologieentwicklung weit fortgeschritten. Im Schweizer Bildungsplan für das Berufsfeld Landwirtschaft und deren Berufe (vom 8. Mai 2008) sind unter den Methodenkompetenzen unter anderem aufgeführt:

»Prozessorientiertes, vernetztes Denken und Handeln
Die Produktion in und mit der Natur und die Veredelung von landwirtschaftlichen Produkten beruht auf vielfältig vernetzten Prozessen. Als Akteur in diesem Feld berücksichtigen die Berufsleute die gegenseitigen Vernetzungen. Sie ziehen mögliche Wirkungen ihrer Aktivitäten auf andere Prozesse in ihre Planungen mit ein und handeln entsprechend nachhaltig.

Informations- und Kommunikationsstrategien
Der Einsatz der modernen Mittel der Informations- und Kommunikationstechnologie im Beruf wird in Zukunft immer wichtiger. Die Berufsleute beschaffen sich selbständig Informationen und nutzen diese für ihre beruflichen Tätigkeiten. Sie können wichtige Informationen erkennen, diese gezielt bearbeiten und ablegen, Konsequenzen ableiten und umsetzen. Sie benutzen Informations- und Kommunikationsmittel für die eigene Weiterbildung und für die Vernetzung im beruflichen Kontext.

Systemisches Denken
Unternehmen im Agrar- und Veredelungsbereich stellen meist sehr komplexe Systeme dar. Zudem sind sie auch ein Teil eines wirtschaftlichen, ökologischen und gesellschaftlichen Systems. Die Berufsleute kennen und verstehen diese Systeme und können sie zielgerichtet und kompetent deuten und Problemstellungen entsprechend umfassend analysieren und bewältigen.«

Die Beschreibung der von Landwirten erwarteten Methodenkompetenzen zeigt die Bedeutung von vernetzten Prozessen und komplexen Systemen. Die Menge der heute in verschiedenen Bereichen zur Verfügung stehenden Daten und Informationen ermöglicht immer bessere Prognosen, lässt sich aber nur mit geeigneten Informatiksystemen erfassen und auswerten. Die Digitalisierung eröffnet hier völlig neue Möglichkeiten. Hochzuverlässige Wetterprognosen, Systeme zum Verkehrsmanagement, Analysen von Kundendaten oder Flugreservierungssysteme sind Beispiele für die Nutzung großer Informatiksysteme. Neben allen Vorzügen stellen uns solche Informatiklösungen aufgrund ihrer Komplexität auch vor große Probleme. Die Informatiksysteme sind ähnlich komplex oder gar komplexer als Raumfahrtsysteme vor zwanzig Jahren. Wir wissen alle, wie anfällig solche Systeme für einfache Programmierfehler sind. Auch unsere mobilen Endgeräte wie Smartphones oder Tablets sind Teil eines Verbunds verschiedener Geräte und Netzwerke. Schon ein kleiner Fehler kann ganze Systeme zum Absturz bringen. Gerade bei vernetzten Systemen ist die Fehlersuche meist sehr schwierig. Werden Websites auf meinem Rechner plötzlich nicht mehr angezeigt, kann es dafür viele Ursachen geben: Hardwaredefekt des Rechners, Inkompatibilität des Browsers mit einer neuen Version des Betriebssystems, fehlerhafte Internetanbindung, Probleme beim Provider usw. Erschwerend bei der Fehlersuche in Informatiksystemen kommt hinzu, dass Bits und Bytes nicht physisch greifbar sind, sich also Fehler nicht im wahrsten Sinn des Wortes begreifen lassen.

Informatik ist geprägt von Unsichtbarem. Nur wenige Bereiche der Informatik lassen sich ohne weitere Hilfsmittel direkt beobachten und untersuchen. Eine gute abstrakte und modellhafte Vorstellung und Visualisierungen solcher Systeme sind deshalb Voraussetzung, will man Probleme identifizieren und lösen. Die Fähigkeit zur Abstraktion ist auch bei der Evaluation und Beschaffung von Informatiksystemen notwendig, also wenn es darum geht, für eine Aufgabe eine geeignete Informatiklösung zu finden. In Diskussionen verliert man sich dabei gern in handfesten Details, statt das *big picture* im Auge zu behalten. Abstraktion ist deshalb eine nützliche Methode; sie ist aber anspruchsvoll und setzt auch viel Erfahrung voraus. Kinder lernen anhand konkreter Gegenstände und müssen sich Abläufe vorstellen können. Je älter wir werden, desto zugänglicher sind wir für Erklärungen, die bildlich oder lediglich in abstrakten Worten vorliegen. Trotzdem helfen uns gute Beispiele. Die Fähigkeit zur Abstraktion und das Denken in Modellen kann durch einfache Alltagsanalogien gezielt gefördert werden – ein Widerspruch? Nein, weil das Vorgehen »bottom-up« den Vorteil hat, die Lernenden am Nahegelegenen abzuholen und sie schrittweise in die Abstraktion zu führen.

Die Vorzüge, aber auch die Fremdheit der Abstraktion sind uns auch von der Malerei her bekannt. Wenn wir die späten Gemälde von Piet Mondrian betrachten, sehen wir, dass sich alles Darzustellende auf das Wesentlichste beschränkt. Alles lässt sich auf geometrische Flächen, auf waagrechte oder senkrechte Linien und – neben Schwarz und Weiß – auf die Grundfarben Rot, Blau und Gelb reduzieren. Die Möglichkeiten zu variieren werden äußerst zahlreich. Durch das Weglassen von Details werden die übergeordneten Strukturen und Gemeinsamkeiten sichtbar. Weil durch die Abstraktion nicht mehr alles bis ins Kleinste erkennbar ist, erhält die Sprache eine große Bedeutung. Sie übernimmt die Feinheiten – ähnlich, wie sie das bei jenen abstrakten Kunstwerken tut, die einer Interpretation bedürfen.

Was heißt das für die Schule?

Der Zunahme der Komplexität in Beruf und Privatleben und der Abhängigkeit von mächtigen digitalen Informationssystemen muss auch in der Ausbildung Rechnung getragen werden. Die Schule wird hier mit einer schwierigen Aufgabe konfrontiert. Routinekenntnisse und Fertigkeiten können im Unterricht relativ einfach vermittelt, geübt und geprüft werden. Genau diese Kenntnisse und Tätigkeiten lassen sich aber in der Regel einer Maschine übertragen und sind deshalb in der Berufswelt zunehmend weniger gefragt. Das Denken in abstrakten Modellen und in vernetzten Systemen ist aber anspruchsvoll und ob jemand die geforderte Denkleistung erbringen kann, lässt sich nicht mittels Ja/Nein-Fragen überprüfen. Ein Beispiel: Die langfristige Finanzierung der Altersvorsorge kennt auf der abstrakten Ebene verschiedene Lösungswege: Erhöhung der Versichertenbeiträge, Erhöhung des Rentenalters und Leistungskürzungen sowie kombinierte Maßnahmen. Bei konkreter Betrachtung müssen bei jedem Lösungsansatz unzählige Details beachtet werden. Bei der Behandlung im Unterricht sind die Lernenden gefordert, bei jeder vorgeschlagenen Maßnahme die Auswirkungen aufzuzeigen und zu diskutieren.

In vielen Berufszweigen wird heute *computational thinking*, also ein Verständnis für die Nutzung und Bearbeitung von Daten und das Lösen von Problemen mithilfe computergestützter Methoden, vorausgesetzt. Das Erstellen von Modellen und darauf basierend die Nutzung von Simulationen stellt eine weitverbreitete Vorgehensweise bei Planungsprozessen oder Entscheidungsfindungen dar. Gefragt ist aber auch die Einschätzung der Grenzen der Modelle und Simulationen. Modelle bilden immer nur einen Teil der Realität ab und je besser diese Abbildung sein soll, desto komplexer und damit schwerer interpretierbar wird ein Modell.

Wie macht die Schule das?

Aufgabe der Schule ist es, die Prinzipien der Abstraktion, der Modellbildung und der Simulation zu vermitteln und zu üben. Diese Tätigkeit kann nicht an realen, komplexen Systemen erfolgen. Im Unterricht fehlen sowohl Zeit als auch die Ressourcen, um sich mit solchen Systemen auseinanderzusetzen. Die Methoden lassen sich aber auch im Kleinen aufzeigen und durchspielen. Zum altbewährten Vorgehen zählen das Finden von Analogien und Metaphern, das Erkennen von Mustern oder das Erstellen von Diagrammen. Diesen Methoden gemeinsam ist der Verzicht auf Details zugunsten des Allgemeinen und Wesentlichen, also die Verallgemeinerung von Sachverhalten. Noch weiter geht die Methode des sogenannten Concept Mappings, auch bekannt als Strukturdiagramme. Concept Maps sind grafische Netzwerke aus Begriffen (dargestellt in Form von Knoten) und beschrifteten Relationen (dargestellt durch Pfeile) zur Darstellung von Wissensstrukturen. Man spricht metaphorisch auch von Begriffslandkarten. Früher galt ein neu entdecktes Land erst dann als bekannt, wenn es im Detail kartografiert worden war. Ähnlich verhält es sich mit Wissen, das in einer Concept Map dargestellt wird. Concept Maps gehen über die verbreiteten Mindmaps hinaus. Mindmaps gehen von einem zentralen Konzept aus und sind in Form einer Baumstruktur hierarchisch aufgebaut. Querverbindungen zwischen Begriffen auf verschiedenen Stufen sind nicht vorgesehen. Zudem werden Beziehungen zwischen Begriffen in Mindmaps nur durch eine Verbindungslinie gekennzeichnet. In einer Concept Map werden die Beziehungen beschriftet und so die Art des Zusammenhanges offengelegt. Die Abbildung zeigt eine einfache Concept Map zur Modellbildung.

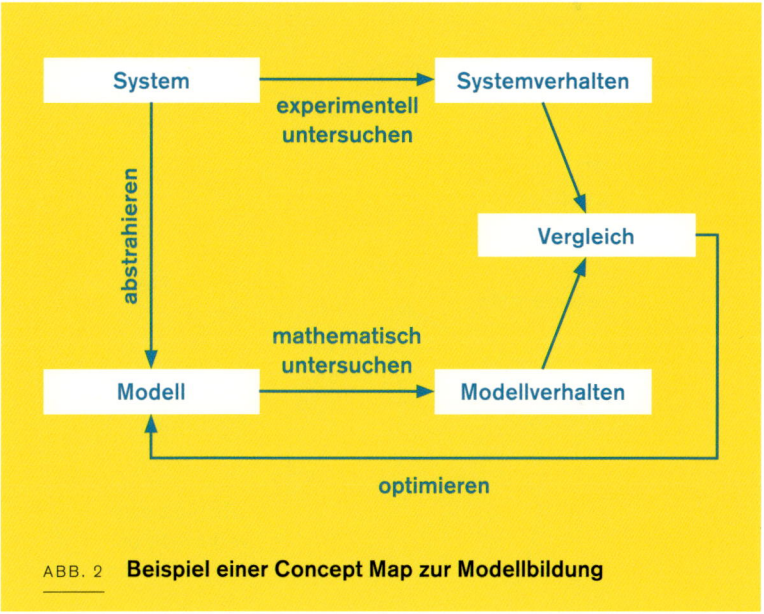

ABB. 2 **Beispiel einer Concept Map zur Modellbildung**

Concept Mapping ist eine Methode, von der man weiß, dass sie sich nachhaltig auf das Lernen auswirkt. Die Erstellung einer Concept Map bedingt die Abstraktion von Details hin zu einer modellhaften Beschreibung eines Konzeptes oder Sachverhaltes. Das Erstellen von Concept Maps kann auf praktisch jeder Schulstufe und auf jedem Themengebiet erfolgen. Die Methode »Concept Mapping« lässt sich computergestützt sehr einfach umsetzen, auch unter gleichzeitiger Beteiligung mehrerer Personen. Im Internet finden sich heute kostenlose, webbasierte Werkzeuge zum gemeinsamen Erstellen und Austauschen von Concept Maps.

Generell bietet der Computer flexible Formen zur Visualisierung von Zusammenhängen an. Im Gegensatz zu Darstellungen auf Papier lassen sich Dateien leicht korrigieren und ergänzen. Auch zur computerbasierten Modellbildung und Simulation steht eine ganze Palette von Werkzeugen zur Verfügung. Mit entsprechenden Software-Tools lassen sich rasch Modelle erstellen, Beispielszenarien

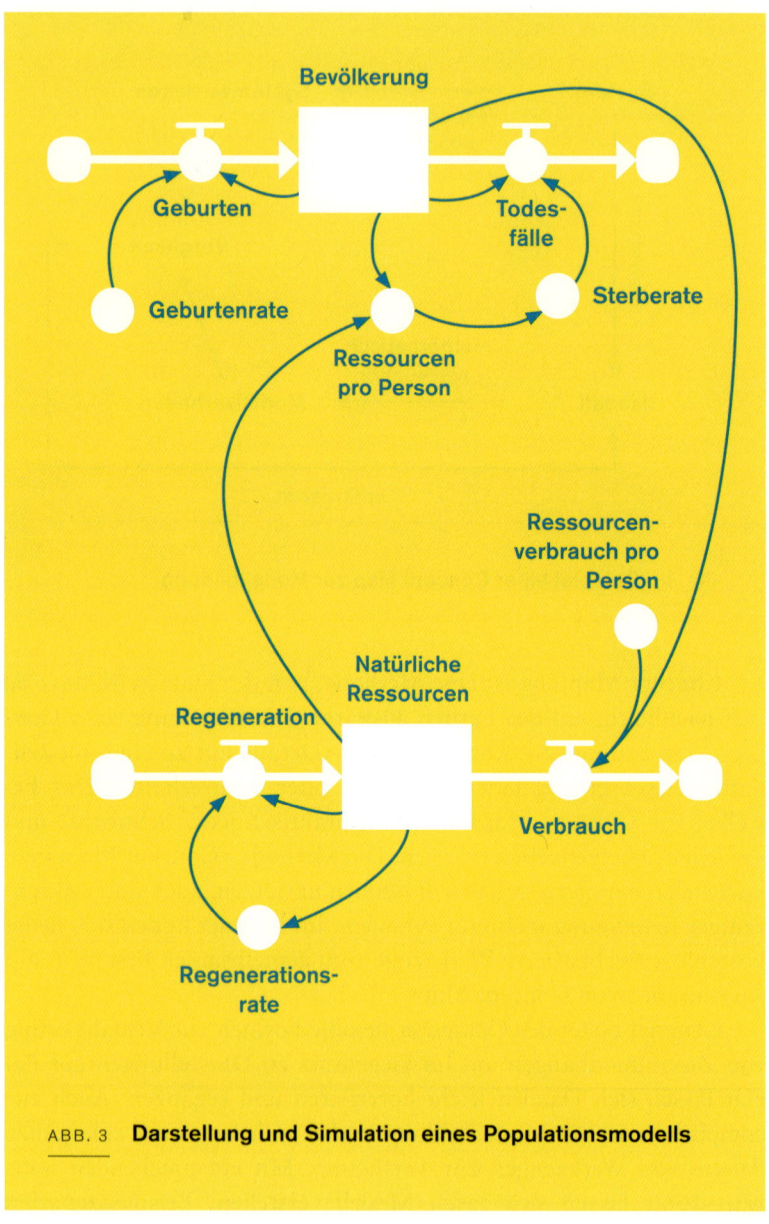

ABB. 3 **Darstellung und Simulation eines Populationsmodells**

durchrechnen und Prozesse und Resultate visualisieren. Diese Vorgehensweisen eignen sich insbesondere in naturwissenschaftlichen und technischen Disziplinen, aber auch im Bereich Wirtschaft. So lässt sich der einfache Wirtschaftskreislauf modellieren und verschiedene Szenarien können experimentell durchgespielt werden. Für einfachere Sachverhalte sind keine spezifischen Software-Lösungen notwendig. Mithilfe einer Tabellenkalkulation können Modelle erstellt, die Auswirkungen einzelner Parameter untersucht und verschiedene Lösungen verglichen werden.

Nicht außer Acht lassen darf die Schule sogenannte Simulationsspiele wie »Die Siedler«, »SimCity« oder Fußball-Games. In diesen Spielen geht es in Modellwelten darum, geeignete Strategien anzuwenden, um Herausforderungen erfolgreich zu begegnen. Solche Spiele können exzellente Anknüpfungspunkte an die Lebenswelt der Lernenden bilden und stellen meist ausgeklügelte Simulationen von realen Prozessen dar. In Fußball-Games werden unter Berücksichtigung der vorhandenen Ressourcen Mannschaften zusammengestellt, Marketingmaßnahmen getroffen und unerwartete Ereignisse wie Verletzungen von Stars, Korruptionsskandale oder Phänomene der Fankultur berücksichtigt. Solche Ansätze aus dem »Game Based Learning« werden teilweise auch in schulspezifischen Lernumgebungen für Simulationen umgesetzt. Beispiele sind Börsen- oder Unternehmensspiele im Wirtschaftsunterricht oder fallbasierte Lernumgebungen zur zwischenmenschlichen Kommunikation.

Was muss ich wissen und können?

Die Förderung des Abstraktionsvermögens und der Modellbildung setzt voraus, dass sich die Lehrpersonen selbst immer wieder auf eine »größere Flughöhe« begeben, um nicht in den Details eines Themas verhaftet zu bleiben. Voraussetzung dafür sind zum einen gute Fachkenntnisse, zum anderen aber auch die Bereitschaft, stetig nach Analogien und Verallgemeinerungen Ausschau zu halten. Die Lehrperson muss sich auch dessen bewusst sein, dass die Lernenden in der

Regel nicht über den gleichen Überblick zu einem Thema verfügen und deshalb behutsam an ein Thema herangeführt werden müssen. Im Unterricht bietet sich deshalb meistens ein Bottom-up-Vorgehen an: Ausgehend von konkreten Beispielen versucht man einen Sachverhalt immer mehr zu verallgemeinern. Natürlich kann mit »Topdown« auch der andere Weg beschritten werden: Die Lehrperson zeigt die Abbildung eines Modells und die Lernenden versuchen an konkreten Anwendungsbeispielen einzelne Elemente des Modells zu identifizieren und einander zuzuordnen. Der Abstraktionsgrad muss entsprechend der Schulstufe und dem Zielpublikum gewählt werden. Klimamodelle können sich zum Beispiel auf die einfache Form des Kohlenstoffkreislaufes beschränken oder in komplexer Form weitere Komponenten wie ein Atmosphärenmodell (Wind, Temperatur usw.) und Schadstoffmodelle (Verbrennung fossiler Stoffe usw.) aufweisen.

Lehrerinnen und Lehrer müssen allerdings den Lernenden auch die Grenzen der Abstraktion und Modellbildung bewusst machen. Sie müssen darauf hinweisen, dass die Wirklichkeit hochdynamisch ist und dass sich die Umwelt ständig ändert. Gerade die Distanz zur Wirklichkeit macht die Abstraktion aus. Sie offeriert uns ihre Vorteile, wartet aber auch mit Enttäuschungen auf. Die Erfahrung, dass im Modell alles aufgeht, die Wirklichkeit sich davon jedoch nicht beeindrucken lässt, gehört zu den Erfahrungen des Lebens.

Beispiele aus dem Unterricht

BEISPIEL 1 **Den Wirtschaftskreislauf im Bottom-up-Vorgehen erarbeiten**

Der Wirtschaftskreislauf zeigt die Beziehungen zwischen den einzelnen Akteuren der Wirtschaft. Viele Unterrichtsstunden laufen so ab, dass von einer Abbildung des Kreislaufes ausgegangen wird. Eine Bottom-up-Strategie würde dagegen vorsehen, dass eine Lehrerin von einer konkreten Situation ausgeht. Sie nimmt etwa das Beispiel Andermatt, ein kleines Schweizer

ABB. 4 **Visualisierung eines einfachen Wirtschaftskreislaufes**

Bergdorf am Fuß des Gotthardpasses, das bereits im vergangenen Jahrhundert touristisch ausgerichtet war, aber schon bessere Zeiten gesehen hat. Ein ägyptischer Investor begann dort zu Beginn des 21. Jahrhunderts ein großes Ferienresort zu realisieren. Wir stehen vor einer klassischen Konsumenten-Produzenten-Situation. In der Klasse wird überlegt, welche Beziehungen zwischen dem Unternehmer und den Bewohnern von Andermatt entstanden sind und weiterhin bestehen. Einige Andermatter arbeiten am Projekt mit, stellen also den Produktionsfaktor »Arbeit« zur Verfügung. Dafür beziehen sie Lohn. Bauern und die öffentliche Hand verkauften ihr Land für einen Golfplatz. Sie stellten also den Produktionsfaktor »Boden« zur Verfügung und erhielten dafür eine Entschädigung. Der Investor erhielt von den Banken Kredite, die er verzinste. Zudem investieren Institutionen der Altersvorsorge oft auch direkt in größere Bauprojekte usw.

Wenn die Lehrperson diese Beziehungen in einem Schema aufbaut, erkennt man sukzessive, dass sich Kreisläufe ergeben. Der Begriff »Kreislauf« führt dazu, dass die Lehrperson – als (scheinbarer) Exkurs – die Lernenden auffordert, darüber nachzudenken, welche weiteren Kreisläufe ihnen bekannt sind: Blutkreislauf, Wasserkreislauf, Photosynthese, Kreislauf des Lebens usw. Sie knüpft also an Vorwissen an. In einem nächsten Schritt wird das an sich schon abstrakte Modell des Andermatter Wirtschaftskreislaufes weiter abstrahiert, sodass man eine Darstellung des Wirtschaftskreislaufes erhält, der sich von der Situation in Andermatt gelöst hat und dem entspricht, was man in den Lernmedien findet. Dieses Beispiel illustriert ein typisches Bottom-up-Vorgehen: Man startet mit einem konkreten, aktuellen Fall und landet bei der Abstraktion.

Das Tourismusprojekt »Andermatt« steht stellvertretend für einen möglichen Ausgangspunkt bei der Behandlung von Wirtschaftskreisläufen. In jeder Region finden sich geeignete Beispiele für den Unterricht, die im Internet ausreichend dokumentiert sind. Die digitalen Medien verbinden die Lebenswelt der Jugendlichen mit dem Thema »Wirtschaftskreislauf«.

BEISPIEL 2 **Cartoons als Ausgangspunkt nehmen**

Ein Problem bedarf oft eines abstrahierten Hintergrunds, damit Zusammenhänge mit anderen Problemen erkennbar werden. Um diesen Sachverhalt aufzuzeigen, nimmt der Lehrer einen Cartoon zu Hilfe. Man sieht darauf einen Mann. Dieser lallt über die Bartheke: »Zeh-O-Zwei … Treibhaus … Ich kann's nicht mehr hören!«, dann fügt er hinzu: »Und die Eisbären? An die denkt wieder keine Sau! All die kleinen Eisbärenbabys, auf ihren kleinen Schollen, wie?« Auf diese Weise hat der Lehrer eine Ausgangslage für das Thema »Argumentation« geschaffen und die Klasse kann die zugrunde liegende Problematik aufspüren. Sie besteht darin, dass der Sprechende nicht erkennt, dass zwei konkrete Phänomene, die er in einen Gegensatz bringt, zusammengehören.

Im Internet findet man fast zu jedem Thema eine Fülle von Cartoons. Bei aktuellen Ereignissen ist es wertvoll, dass man auf Cartoons aus verschiedenen Sprach- und Kulturräumen zugreifen kann. Auch geschichtliche Entwicklungen – zum Beispiel Rollenbilder gestern und heute – können so aufgezeigt werden. Der Eisbär-Cartoon zeigt exemplarisch, wie man sich zu einem konkreten Umstand auf die Ebene von dessen Hintergrund – man spricht auch vom Anheben der Flughöhe – begeben kann, dass es eine Mehrzahl von konkreten Einzelphänomenen gibt und wie diese zusammenhängen. Das Wesentliche dabei ist nicht diese Mehrzahl. Sie ist zwar nicht unwichtig, aber die Lernenden sollen vor allem erkennen, dass es zwischen einzelnen Phänomenen Zusammenhänge gibt. Wo geschieht es im Alltag häufig, dass eine verkürzte Argumentation angewendet wird? Mit welchem historischen Beispiel kann aufgezeigt werden, dass etwas vordergründig Überzeugendes durch Kenntnisse des Hintergrunds vollständig entkräftet worden ist? Wo und weshalb konnten oder können diese Abläufe beobachtet werden? Cartoons eignen sich gut für das Entwickeln der Fähigkeit, die Zusammenhänge zwischen einzelnen Daten zu erkennen. Ein Teil unseres Humors bedient sich der Diskrepanzen zwischen Vorder- und Hintergrund. Der Sprachunterricht befasst sich mit dem Thema »Argumentation«. Es ist eine Binsenwahrheit, dass sich die Qualität der Argumente durch Sachkenntnisse verbessert. Sachkenntnisse basieren auf Daten und Fakten. Die heutigen technischen Möglichkeiten erleichtern entsprechende Recherchen. Auch die Rhetorik und manipulative Strategien können thematisiert werden. Die verkürzte Sichtweise ist eines der zahlreichen Instrumente einer manipulativen Rhetorik, deren Ziele Machterhalt oder -erwerb sind. Die Nutzung von Cartoons als Ausgangspunkt zur Verallgemeinerung kann auf verschiedene Arten erfolgen. So können die Texte entfernt werden und die Lernenden müssen sich überlegen, was in die Sprechblasen passen könnte. Bei Cartoons im Stil »vorher/nachher« können auch einzelne Phasen ausgeblendet werden. Oder die Lernenden erhalten die Aufgabe, zu einem vorgegebenen Begriff (zum Beispiel Verantwortung, Respekt, Vertrauen) möglichst unterschiedliche Cartoons im Netz zu suchen.

BEISPIEL 3 **Wer hat, dem wird gegeben**

Im Mathematikunterricht, kurz vor Weihnachten, wirft die Lehrerin die Frage auf, wie schnell eigentlich beim Kerzenziehen eine Kerze wächst. Beim Kerzenziehen wird zu Beginn ein Docht in heißes Bienenwachs getaucht, dann kurz abgekühlt, wieder eingetaucht usw. Sukzessive wachsen die Dicke und das Gewicht der Kerze. Die Schülerinnen und Schüler haben beobachtet, dass zu Beginn das Gewicht der Kerze sehr langsam zunimmt, ab einer gewissen Dicke aber immer schneller. Die Lehrerin beschließt, am Beispiel des Kerzenziehens ganz generell verschiedene Formen von Wachstumsprozessen in der Natur zu beleuchten. Bald meldet sich eine Schülerin mit der Vermutung, dass das Kerzenwachstum ähnlichen Gesetzen gehorche wie die Vermehrung eines Kapitals bei Zinseszins. Das Eintauchen der Kerze in den Bienenwachs entspreche doch der Verzinsung eines Kapitals nach einem Jahr und auch bei einem Sparkonto sei es doch so, dass man umso mehr Zins bekomme, je mehr man habe. Die Vermutung der Schülerin wird in der Folge genauer untersucht und die Klasse trägt weitere »Wachstumsprobleme« aus dem Alltag zusammen. Darunter finden sich lineare, quadratische und exponentielle Prozesse.

Auf den ersten Blick mag dieses Beispiel wenig praxisnah scheinen. Gerade im Mathematikunterricht liegt der Schwerpunkt des Unterrichts – zumindest aus Sicht der Lernenden – oft auf dem Lösen von Aufgaben. Die Aufgabenstellungen sind nicht selten künstlich und kaum aus der Lebenswelt der Lernenden gegriffen. Für den späteren Berufsalltag bringt ein solcher aufgabenorientierter Mathematikunterricht kaum einen Gewinn. Bewertet wird, ob die Aufgabe richtig gelöst wurde oder nicht. Taschenrechner und Computer lösen solche einfachen Probleme im Handumdrehen. Gefragt ist und gefördert werden muss das Verständnis für Zusammenhänge und für die den Problemen zugrunde liegenden Prinzipien und Problemlösungsverfahren. Das Untersuchen von solchen Zusammenhängen kann heute computergestützt auch experimentell erfolgen. So erlaubt es beispielsweise eine Tabellenkalkulation, das Wachstum beim Kerzenziehen Schritt für Schritt zu berechnen und daraus ein allgemeines Muster abzuleiten, womit wir wieder bei der Abstraktion wären.

Das Beispiel »Kerzenziehen« steht auch stellvertretend für die computergestützte Modellbildung. Die Dicke der Kerze wird mithilfe eines geeigneten Computerwerkzeuges in Abhängigkeit von der Anzahl der Eintauchvorgänge numerisch berechnet. Die Resultate dieser Berechnungen werden mit den realen Daten verglichen und mögliche Gründe für die Abweichungen diskutiert, zum Beispiel der Einfluss der Temperatur des Bienenwachses oder der Einfluss der Dauer des Eintauchens der Kerze. Die Lernenden erkennen, dass Modelle die Wirklichkeit vereinfachen und diese nur in groben Zügen darstellen können.

BEISPIEL 4 **Ethische Fragestellungen**

Ein Religionslehrer schildert folgendes Erlebnis: An einem Samstagmorgen befindet sich im Vorraum seines Hauseingangs eine obdachlose Frau. Offenbar hat sie hier geschlafen. Neben ihr steht ein Einkaufswagen voll Wäsche und Plastiktaschen. Es riecht sehr unangenehm. Ein Bewohner des Hauses ruft den Vermieter an, der ihm aufträgt, die Polizei anzurufen. Der Religionslehrer bittet die Lernenden, die Online-Bibel aufzurufen. Er gibt Suchstichworte, zum Beispiel Zitatfetzen oder den Hinweis »Gleichnis vom Weltgericht«. Die Lernenden werden auf das Zitat stoßen: »Was ihr für den geringsten meiner Brüder getan habt, das habt ihr mir getan.« Die Diskussionen drehen sich nun um verschiedene Fragen: Wie ist das Verhalten des Mieters und jenes des Vermieters nach individuellen ethischen Maßstäben zu messen? Was für einen Maßstab gibt Jesus vor? Welche Antworten geben andere Religionen? Wie sollen wir leben? Gibt es Erkenntnisse? Sind Ansätze zu Verhaltensänderungen vorhanden oder solche, die auf eine Festigung bisheriger Positionen hinweisen?

Möglicherweise gibt der Lehrer noch den Hinweis, dass die Aussage des gefundenen Zitats recht abstrakt ist, aber dass sich aus ihr ganz konkrete Handlungsaufträge ergeben können. Jesus selbst habe die Ebene der Abstraktion verlassen und Folgendes gesagt: »Ich war durstig und ihr habt mir zu trinken gegeben; ich war fremd und obdachlos und ihr habt mich aufgenommen; ich war nackt und ihr habt mir Kleidung gegeben.« Für die Lernenden sind die Begriffe abstrakt und nicht leicht zu verstehen. Es gibt, und das mag eine Hilfe sein, abstrakte Handlungsanweisungen, die in wenigen Worten das ganze Zusammenleben der Menschen regeln möchten. Als Beispiele können die Zehn Gebote oder die Naturgesetze, die der Philosoph Thomas Hobbes formuliert hat, genannt werden. Deren Inhalte scheinen geeignet zu sein, Friede, Gerechtigkeit, Respekt und individuellen Freiraum zu garantieren. Die große Anzahl staatlicher Gesetze zeigt jedoch, dass konkrete Sachverhalte offenbar einer konkreten Regelung bedürfen. Diese Spannung zwischen abstrakt und konkret kann im Unterricht zum philosophischen Thema werden. Dadurch können Vor- und Nachteile von Abstrahierungen und Konkretisierungen aufgezeigt werden und gleichzeitig werden diese beiden Begriffe fassbar.

Dank der im Internet zugänglichen Informationen hat man in diesem Beispiel die Möglichkeit, auf Gebote und Gesetze verschiedener Kulturräume und ihrer Philosophen und religiösen Oberhäupter zuzugreifen. Die Schülerinnen und Schüler können sogar über soziale Netzwerke direkt Kontakt mit Gleichaltrigen in anderen Kulturräumen aufnehmen und die verschiedenen Sichtweisen vergleichen.

Nutzung digitaler Werkzeuge

Die Fähigkeit, digitale Werkzeuge und mediale Formen sowohl zu nutzen und sie für eine überzeugende Kommunikation einzusetzen als auch ihre Anwendung kritisch zu hinterfragen

Die Digitalisierung hat eine ganze Palette neuer Werkzeuge und Ausdrucksmöglichkeiten für unseren Alltag, für die Schule und für die Berufswelt geschaffen. Viele Aufgaben lassen sich heute einfacher und schneller als früher erledigen: Wir können effizient Informationen suchen, sammeln, bewerten, verwalten, bearbeiten und weitergeben. Wir können Rohdaten (zum Beispiel Messresultate) erfassen und darauf basierend Berechnungen (zum Beispiel statistische Auswertungen) durchführen. Wir können sogar Informationen in verschiedenen multimedialen Formen (zum Beispiel Audio, Video) darstellen und veröffentlichen. Durch computergestützte Kommunikationsformen stehen uns neben dem Telefon und dem Brief eine ganze Reihe weiterer synchroner und asynchroner Kommunikationsmöglichkeiten (zum Beispiel Chat, Blog, soziale Netzwerke) zur Verfügung. Auch die virtuelle Zusammenarbeit über weite Distanzen hinweg ist heute kein Problem mehr. So sind große Teile dieses Buches in gleichzeitiger Arbeit entstanden. Die beiden Autoren saßen dabei 178 Straßenkilometer voneinander entfernt an ihren Arbeitsplätzen.

Die Vielfalt an digitalen Werkzeugen und Kommunikationsmöglichkeiten stellt große Anforderungen an jeden Einzelnen von uns. Laufend kommen neue Produkte auf den Markt, die zwei gegensätzliche Gefahren in sich bergen. Auf der einen Seite lässt man sich durch das Angebot leicht blenden, verliert sich in der Tool-Welt und probiert immer wieder neue Gadgets aus. Dabei werden zwar der Spieltrieb und die Abenteuerlust bedient, aber man verliert den Blick für das Wesentliche. Der Computer und das Internet sind Mittel, nicht aber der Mittelpunkt. Die Wahl von Werkzeugen muss gezielt

	Information	Kommuni-kation	Kooperation
E-Mail	★★	★★★★	★
Wiki	★★★★★	★★	★★★
Homepage	★★★	★	★
Facebook	★★	★★★★	★★★
Blog	★★★★	★★★	★★★
...			

ABB. 5 **Anwendungspalette digitaler Werkzeuge**

und abgestimmt auf die zu vereinfachenden Prozesse getroffen werden. Zu viel Neugierde und der Drang, immer die aktuellsten Gadgets zu nutzen, können die eigene Produktivität und die Gesundheit gefährden. Auf der anderen Seite besteht die Gefahr, dass uns gerade die Vielfalt und die rasante Entwicklung so stark verunsichern, dass wir nicht mit der Zeit gehen und uns mit den Gadgets überhaupt nicht auseinandersetzen. Man blendet quasi die Gegenwart aus und lebt in einem geschützten analogen Elfenbeinturm, ohne zu merken, dass man über kurz oder lang nicht mehr am gesellschaftlichen Leben teilhaben kann und vom Arbeitsmarkt faktisch ausgeschlossen wird. Viele administrative Kontakte mit staatlichen Stellen oder das Buchen von Freizeitaktivitäten sind heute ohne Computer und Internet fast nicht mehr möglich. Der kompetente Umgang mit den digitalen Gadgets stellt also eine Gratwanderung dar: Zu viel Zurückhaltung oder gar Trägheit kann zwar vor Hypes schützen, birgt aber die Gefahr in sich, dass man den Anschluss verliert.

Für die effiziente und effektive Nutzung digitaler Werkzeuge, aber auch für die Wahl der richtigen Kommunikationsformen oder Medienformate beim Weitergeben von Informationen, ist Produktwissen zur Bedienung der Werkzeuge unabdingbar. Produktwissen umfasst die Kenntnisse, die zur Bedienung eines Gerätes oder eines Programms nötig sind. Will man zum Beispiel das Potenzial einer Suchmaschine ausschöpfen, muss man die Syntax von Suchanfragen oder die Möglichkeiten einer erweiterten Suche (zum Beispiel Einschränkung auf bestimmte Medienformate oder Domains) kennen. Aufgrund des raschen Wandels bei den Produkten läuft man aber Gefahr, zu viel Zeit mit dem Kennenlernen neuer Anwendungen zu verlieren. Um sich vor der dauernden Auseinandersetzung mit neuen Entwicklungen zu schützen, benötigt man Konzeptwissen. Dieses umfasst die längerfristig gültigen, grundlegenden Zusammenhänge eines Sachgebietes. Im Beispiel der Suchmaschinen gehören die Prinzipien der Indexierung von Dokumenten und der Rangierung von Suchtreffern zum Konzeptwissen. Das Konzeptwissen vereinfacht den Transfer des angeeigneten Wissens und der erworbenen Fertigkeiten auf neue Produkte.

Produkt- und Konzeptwissen zu digitalen Geräten und Anwendungen werden benötigt, um neben den Chancen auch die Risiken der hochkomplexen technischen Systeme einschätzen zu können. Neue Anwendungen kündigen sich jeweils verheißungsvoll an, werfen aber meist Fragen bezüglich Aspekten wie Datenschutz, Datensicherheit, Ökologie oder Nachhaltigkeit auf. Die Risiken und Bedrohungen werden mit dem technologischen Fortschritt nicht kleiner. Gerade wenn es um Fragen unserer Privatsphäre geht, laufen wir ohne ein fundiertes Verständnis für Informatiksysteme Gefahr, uns mit einfachen Erklärungsmustern und Rezepten zufriedenzugeben und sicher zu fühlen. Die Installation einer Virenschutz- oder einer Verschlüsslungssoftware wiegt die meisten Nutzer in falscher Sicherheit. Nur wenigen ist bewusst, dass auch in solcher Software absichtlich Hintertüren eingebaut sein können, über die Unberechtigte auf einen Computer zugreifen können. Auch bei der Empfehlung, E-Mails nur verschlüsselt zu verschicken, wird außer Acht gelassen, dass jedes Softwareprogramm unbeabsichtigte oder beabsichtigte Zugangs-möglichkeiten für Dritte enthalten kann. Lehrpersonen, die Plagiat-erkennungssoftware zur Überprüfung von Schülerarbeiten nutzen, betrachten diese Arbeiten weniger kritisch auf Plagiatsversuche hin und übersehen, dass diese Programme faktisch nur plumpe Kopien erkennen können. Falls Texte umgestellt oder umformuliert werden, werden diese von den Programmen nicht mehr erkannt.

Was heißt das für die Schule?

Unter Allgemeinbildung versteht der Erziehungswissenschaftler Hans Werner Heymann unter anderem, dass die Schule die folgenden Aufgaben erfüllt: Lebensvorbereitung, Weltorientierung, Anleitung zum kritischen Vernunftgebrauch und Einübung in Verständigung und Kooperation. Die Definition des Kompetenzbegriffes des Psy-chologen Franz Weinert beinhaltet unter anderem die bei Individuen verfügbaren oder durch sie erlernbaren kognitiven Fähigkeiten und Fertigkeiten, um bestimmte Probleme zu lösen. Nimmt man diese Thesen zu Allgemeinbildung und Kompetenzorientierung als Aus-gangspunkt für die Beschäftigung der Schule mit der Nutzung digi-taler Medien und multimedialer Darstellungsformen, wird klar, dass die Schule hier im Wesentlichen vier Aufgaben wahrnehmen muss:

1. Klassifizieren von digitalen Werkzeugen

Die Nutzung jedes Werkzeuges setzt eine Aufgabe voraus, die gelöst werden soll, oder einen Mangel, den man beheben möchte. Die gezielte Wahl eines Werkzeuges – zum Beispiel eines Hammers und nicht eines Schraubenziehers beim Ein-schlagen eines Nagels – setzt voraus, dass man die infrage kommenden Werkzeuge nach verschiedenen Kriterien be-urteilen und klassifizieren kann. Zu diesen Kriterien gehö-ren Parameter wie Zeit, Kosten, Umweltbelastung, Nutzen, Anwendungshäufigkeit, Einarbeitungszeit und das mit dem Einsatz des Werkzeuges verbundene Gefahrenpotenzial. Die

Kommunikationstools können beispielsweise nach Parametern wie Synchronizität oder Medienvielfalt beurteilt werden. Informationsplattformen können anhand der Kriterien »Push«, »Pull« oder »Participate« gewählt werden. Bei der Verwendung von Statistik- oder Bildbearbeitungsprogrammen in der Schule spielen die Komplexität und der damit verbundene Einarbeitungsaufwand eine wichtige Rolle.

2. Vermitteln von Produkt- und Konzeptwissen zu digitalen Werkzeugen

Lesen, Schreiben und Rechnen gelten als klassische Kulturtechniken. Heute gehört die Nutzung digitaler Medien ebenfalls zu den Schlüsselqualifikationen. Eine Aufgabe der Schule ist es deshalb, die Konzepte zu Information, Kommunikation und Kooperation sowie Fertigkeiten beim Nutzen der wichtigsten Werkzeuge zu vermitteln. Wir verzichten hier bewusst auf einen detaillierten Kompetenzkatalog. In den Lehrplänen finden sich dazu umfassende Angaben (zum Beispiel Sinn und Einsatz von Formatvorlagen bei Textdokumenten und Webseiten; grundlegende Konzepte zur Auflösung bei digitalen Bildern, Audios und Videos; Auswahl und Funktionsweise verschiedener Informationsdienste wie Google, Wikipedia, Twitter; Konzepte zur Nutzung von Dateiablagen bei Cloud-Lösungen; Grundlagen des Urheberrechtes und ihre Auswirkungen auf die eigene Arbeit).

3. Vermitteln von Methodenkompetenz zum selbstständigen Lernen

Der rasche technologische Wandel hat zur Folge, dass die Halbwertszeit des Produktwissens bei digitalen Medien kurz ist. Binnen einer Generation haben Entwicklungen wie das Internet, die Dienste des Web 2.0 oder der Trend zur Industrialisierung der Informatik (zum Beispiel Cloud-Dienste) stattgefunden und ein Ende der technischen Entwicklungen ist nicht absehbar. Was heute zu digitalen Medien in der Schule gelernt wird, reicht bestenfalls noch für ein paar Jahre. Wegen der raschen Entwicklung kann man anschließend bei seiner Weiterbildung kaum auf klassische Kursangebote oder Lehrmittel zurückgreifen, vielmehr muss man seine Defizite selbstständig erkennen und beheben können. Die entsprechenden Methoden sollten in der Schule aufgezeigt und an konkreten Aufgabenstellungen geübt werden. Lehrerinnen und Lehrer sollten selbstverständlich mit gutem Beispiel vorangehen.

4. Aufzeigen der Chancen und Risiken der Digitalisierung

Die Rolle der digitalen Medien in unserer Gesellschaft muss mit allen Licht- und Schattenseiten thematisiert werden. Es geht nicht um die Vermittlung irgendwelcher Lösungen, sondern darum, dass wir eine kritische Haltung gegenüber den digitalen Technologien fördern. Die Schülerinnen und Schüler werden unterstützt, sich selbst Urteile zu bilden. Diese Auseinandersetzung muss an konkreten Beispielen, bevorzugt aus der Lebenswirklichkeit der Jugendlichen, erfolgen. So kann am Beispiel von Bildmanipulationen das Thema »Wahrheit und Fälschung in den Medien« eindrucksvoll illustriert werden. Wenn Lernende selbst Bilder fälschen oder in ihrer Aussagekraft verfremden, erleben sie, wie einfach solche Manipulationen sind. So werden sie für eine kritische Hinterfragung von Bildinformationen sensibilisiert.

Wie macht die Schule das?

Für die Schule ist es zugegebenermaßen schwierig, mit der Entwicklung der digitalen Technologien Schritt zu halten. Die traditionellen Ausbildungsgänge für den Lehrberuf stammen aus einer Zeit, in welcher neue Entwicklungen in einem gemächlicheren Tempo abliefen. Aus- und Weiterbildungsangebote für Lehrpersonen werden zudem meist von Kolleginnen und Kollegen angeboten, was große Praxisnähe garantiert. Beim Umgang mit neuen digitalen Werkzeugen fehlt im Gegenzug oft die Zukunftsperspektive und konzeptionelle Einordnung. Die Gefahr ist groß, dass das Gewicht von solchen Kursen einseitig auf der Vermittlung von kurzlebigem Produktwissen liegt, das keinen nachhaltigen Transfer auf neue Anwendungen unterstützt. Hier würde sich ein enger Austausch mit der Wirtschaft und den Hochschulen aufdrängen. Dabei würden beide Seiten profitieren. Die Schulen blieben auf dem Laufenden und die Wirtschaft und die Hochschulen könnten die Praxis einer einfachen und eingängigen didaktischen Aufbereitung an den Schulen übernehmen.

Eine wichtige Rolle kommt auch den Schülerinnen und Schülern zu. Diese verfügen meist über ein relativ großes Produktwissen bei der Nutzung digitaler Gadgets. Zum einen, weil die Heranwachsenden einen unverkrampften Zugang zu digitalen Medien haben, zum anderen, weil sie sich auch mehr Zeit nehmen können, um sich mit den Funktionalitäten solcher Gadgets vertraut zu machen. Lehrpersonen können dieses Potenzial nutzen und von den Lernenden lernen. Voraussetzung dafür ist ein Rollenverständnis, das Lehrpersonen nicht in der Rolle der Alleswisser sieht.

Was muss ich wissen und können?

Für einige Lehrpersonen mag es hart klingen: Ebenso wie die Fähigkeit, lesen und schreiben zu können, gehört heute ein fundiertes Produkt- und Konzeptwissen über digitale Medien zum notwendigen Rüstzeug jeder Lehrperson. Wer unterrichtet, muss zum Beispiel in der Lage sein, einfache Bild- und Videobearbeitungen selbst vorzunehmen, digitale Werkzeuge für Präsentationen einzusetzen, Unterrichtsmaterialien und Portfolios von Lernenden über geeignete Plattformen zu verwalten und zu teilen, Informationen im Internet effizient und effektiv zu recherchieren oder sensible Daten mit der nötigen Vorsicht zu bearbeiten. Vielen mögen solche Erwartungen wie ein unüberwindbarer Berg vorkommen. Die gute Botschaft: Lehrerinnen und Lehrer sind geübt, komplexe Sachverhalte auf die wesentlichen Elemente zu reduzieren. Genau diese Fähigkeit hilft dabei, den

Durchblick im Wirrwarr der Gadgets und Anwendungen zu behalten. Lehrpersonen legen den Fokus auf produktunabhängige, langlebige Konzepte. Wenn es um das Bedienen von Geräten und Anwendungen geht, kann auf das Wissen der Lernenden zurückgegriffen werden.

Beispiele aus dem Unterricht

BEISPIEL 1   **Die Analyse von Filmbeiträgen**

Als Einstieg in das Thema »Imperialismus« wählt die Geschichtslehrerin einen Fernsehbeitrag zum Bau des Panamakanals. Der rund neunzig Minuten lange Dokumentarfilm beinhaltet auch längere Sequenzen zu den Arbeitsbedingungen beim Bau des Kanals. Diese Sequenzen entfernt die Lehrerin vorab, sodass noch rund vierzig Minuten Filmmaterial übrig bleiben. An verschiedenen Stellen im Film blendet die Lehrerin Arbeitsaufträge für die Lernenden ein. Diese erhalten die Aufgabe, in Kleingruppen wesentliche Sequenzen des Films zu identifizieren und daraus einen verdichteten Kurzbeitrag von nicht mehr als drei Minuten Länge zu erstellen und diesen mit Untertiteln zu versehen. Anschließend werden die kurzen Filmsequenzen verglichen und diskutiert.

Das Beispiel zeigt zum einen die Bedeutung von elementaren Fertigkeiten bei der Bearbeitung von Videos, etwa das Schneiden oder das Kommentieren mit Untertiteln. Professionelle Videobearbeitungsprogramme eignen sich aufgrund der hohen Einarbeitungszeit und der hohen Kosten in der Regel nicht für den Schulgebrauch. Eine Lehrperson muss darauf achten, dass die verwendeten Programme von den Lernenden auch zu Hause genutzt werden können. Neben diesen produktbezogenen Kenntnissen gibt die Lehrperson auch konzeptionelle Hilfestellungen: Was zeichnet eine wichtige Filmsequenz aus? Welche Kriterien muss man bei Untertiteln beachten? Wäre allenfalls eine Abfolge von Standbildern besser geeignet, um einen Sachverhalt auf den Punkt zu bringen, als eine dynamische Filmsequenz? Die Grundlagen für die kompetente Nutzung digitaler Medien beanspruchen Platz im Unterricht. Genauso wie andere allgemeinbildende Themen (zum Beispiel jene der Sprache, Mathematik, Geschichte, Wirtschaft, Ökologie) müssen daher auch die Themen »Information«, »Kommunikation« und »Kooperation« in den Lehrplänen berücksichtigt werden.

BEISPIEL 2 **Welche Suchmaschine findet was?**

Bei der Bearbeitung des Themas »Resistenz von Bakterien gegen Antibiotika« trägt die Klasse Informationen zu verschiedenen Arten der Antibiotikaresistenz, zu Resistenzmechanismen und zu Gegenmaßnahmen zusammen. Der Biologielehrer fordert die Klasse auf, bei identischen Suchbegriffen gezielt mehrere Suchmaschinen zu nutzen und die ersten zehn Suchtreffer miteinander zu vergleichen. Überrascht stellen die Lernenden fest, dass sich die Treffer massiv unterscheiden. Schon mit der Wahl eines Informationsdienstes schränkt man also seine Sicht ein und läuft Gefahr, wichtige Informationen zu übersehen. Der Klasse fällt weiter auf, dass sich die Resultate der Suchmaschinen sogar von Person zu Person unterscheiden. Die Personalisierung von Diensten im Internet ist in vielen Fällen angenehm, etwa wenn man einen Pizzakurier sucht und die Suchmaschine automatisch nur Angebote aus der näheren Umgebung anzeigt. Im Falle wissenschaftlicher Informationsrecherchen ist die Personalisierung aber zu hinterfragen. Die Schülerinnen und Schüler vergleichen und diskutieren auch den Informationsgehalt der von den Suchmaschinen gelieferten Suchtreffer mit Artikeln aus der Wikipedia. Sie diskutieren, in welchen Situationen eine Recherche in der Wikipedia angemessen ist und wie die Glaubwürdigkeit von Wikipedia-Artikeln beurteilt werden kann.

Das Beispiel zeigt ein Szenario, das sich bei vielen Fragestellungen umsetzen lässt. Auf diese Weise lassen sich wichtige Aspekte bei der Informationsbeschaffung wie Ausbeute und Präzision und deren wechselseitige Abhängigkeit behandeln. Der Vergleich der Resultate verschiedener Suchmaschinen kann auch ein Anlass sein, sich mit den Kriterien für die Rangierung der Suchtreffer auseinanderzusetzen. Wie lässt sich die Relevanz eines Treffers zu einer Suchanfrage bestimmen? Gibt es einen objektiven Relevanzmaßstab oder ist »Relevanz« immer ein subjektiver Begriff? Auch die unterschiedlichen Arten der Informationserschließung bei Wikipedia und bei Suchmaschinen können unter die Lupe genommen werden. Ein Blick unter die »Motorhaube« einer Suchmaschine, also ein Verständnis des Indexierungs- und Rangierungsprozesses, befähigt die Lernenden, Informationsdienste kompetenter zu nutzen. Wer erkannt hat, wie das Verhalten der Nutzer von Informationsdiensten analysiert und zur Personalisierung verwendet wird, kann außerdem die Chancen und Risiken der Personalisierung besser einschätzen.

BEISPIEL 3   **Die Ausgaben im Griff behalten**

Die Verlockungen der Konsumgesellschaft sind gerade für die Jugendlichen groß. Allzu schnell führen horrende Rechnungen für Mobiltelefonie oder Ausgaben für Markenkleider in die Schuldenfalle. Der Umgang mit Geld und das Erstellen eines Budgets für den Eigengebrauch sind deshalb ein wichtiges Thema im allgemeinbildenden Unterricht. Anstelle langer Ausführungen zum Budget, zu fixen und variablen Kosten usw. lässt der Lehrer die Schülerinnen und Schüler einen Monat lang ihre Ausgaben minutiös erfassen. Dazu nutzen diese eine kostenlose App einer Konsumentenschutzorganisation. Mithilfe dieser App können die Ausgaben jederzeit auf dem Smartphone einfach erfasst werden. Die wichtigsten Budgetposten sind bereits vorgegeben und können bei Bedarf ergänzt werden. Die App erlaubt es, am Schluss die gesammelten Daten in ein Standardformat zu exportieren. Die Ausgaben werden nun für jede einzelne Schülerin und jeden einzelnen Schüler ausgewertet und visualisiert. Anschließend werden die Resultate für die ganze Klasse zusammengetragen, nach verschiedenen Kriterien ausgewertet und diskutiert. Die Lernenden sind überrascht, wie stark ihre Ausgaben von den eigenen Schätzungen abweichen. In einem nächsten Schritt wird das Thema Budgetplanung behandelt und die Lernenden erstellen je ein persönliches Budget. Dieses kann in der verwendeten App hinterlegt werden. Bei allen Ausgaben wird nun angezeigt, inwieweit der betreffende Budgetposten bereits ausgeschöpft wurde.

Aus Sicht der Nutzung digitaler Medien im Unterricht ist die zentrale Idee hinter diesem Beispiel nicht die Budgetplanung. Das Beispiel zeigt primär auf, dass sich mithilfe digitaler Werkzeuge sehr einfach reale Daten sammeln und anschließend auswerten lassen. Bei solchen Daten kann es sich um Alltägliches wie Wetterdaten, Bewegungsdaten, ein Profil des eigenen Musikgeschmacks oder Daten zu eigenen Fitnessaktivitäten handeln. Digitale Gadgets mit speziellen Sensoren (zum Beispiel Bewegungs-, Temperatur-, Geräuschsensoren) eröffnen zudem neue Möglichkeiten der Datenerhebung in den Natur- oder Sprachwissenschaften. Kurz: Digitale Werkzeuge bringen ein Stück Realität ins Schulzimmer.

BEISPIEL 4 **Warum versteht mich mein Computer nicht?**

Im Englischunterricht nutzen die Schülerinnen und Schüler ein Spracherkennungsprogramm. Sie diktieren einen englischen Text und überprüfen, wie gut die Spracherkennung funktioniert. Je nach Resultat wiederholen sie das Diktat und versuchen eine bessere Qualität zu erzeugen. Gewisse Begriffe wie zum Beispiel Ortsnamen werden weiterhin nicht erkannt und teilweise durch unpassende Worte ersetzt. In der Klasse werden nun die Erfahrungen ausgetauscht und es wird gemeinsam recherchiert, auf welchen Prinzipien Spracherkennungsprogramme basieren. Dies führt zu grundsätzlichen Überlegungen zu Struktur und Erwerb von Sprache sowie zur Frage, wie »Big Data«, also die riesigen im Netz vorhandenen Mengen an Daten und

Texten, zur Spracherkennung genutzt werden können. Weitere Fragen kommen auf wie beispielsweise, warum gewisse Sprachen von einem Computer leichter erkannt werden als andere, bis hin zur ketzerischen Frage, ob der schriftliche Ausdruck angesichts der technologischen Entwicklung langfristig überhaupt noch eine zentrale Bedeutung hat.

Viele Schulen begegnen Rechtschreibkorrektur- und Übersetzungsprogrammen mit großer Skepsis. Im Unterricht wird die Verwendung solcher Anwendungen in der Regel schlicht verboten, weil man befürchtet, der Spracherwerb könnte beeinträchtigt werden. Diese Bedenken sind nachvollziehbar, aber nicht zukunftsweisend. Die Sprache hat sich über Jahrhunderte hinweg immer wieder von Neuem angepasst und die Nutzung computergestützter Hilfen beim Schreiben oder Übersetzen von Texten ist heute im Beruf oder Privatleben üblich. Anstatt die Wirklichkeit auszublenden, müssen diese Hilfen im Unterricht bewusst genutzt werden. Was leisten Übersetzungsprogramme und wo ist Vorsicht angebracht? Was zeichnet ein gutes Übersetzungsprogramm aus? Welche Kriterien muss ein Spracherkennungsprogramm bezüglich Anwenderfreundlichkeit erfüllen? Alle diese Fragen führen unmittelbar wieder zu Themen rund um den Umgang mit Sprache.

BEISPIEL 5 **Absprachen erleichtern die Zusammenarbeit**

Im Bildnerischen Gestalten erstellen die Lernenden gemeinsam einen kleinen Architekturführer für ihre Kleinstadt. Einzelne Gebäude, die eine typische Epoche in der Entwicklung der Stadt repräsentieren, werden mit Bildern, wichtigen Daten und kurzen Beschreibungen porträtiert. Diese Informationen werden zusammengetragen und sollen in einem gedruckten Stadtführer und auf einer Website veröffentlicht werden. Der Auftrag ist klar und die Lernenden möchten sich gleich an die Arbeit machen. Da wirft eine

Schülerin die Frage auf, ob man sich nicht zuerst noch Gedanken zur Form der Porträts machen sollte und ob nicht einheitliche Vorgaben zur Darstellung sinnvoll wären. Mit wenig Begeisterung werden eine gemeinsame Dokumentenplattform bestimmt, Parameter wie Auflösung, Farbpalette und Größe der Bilder vorgegeben und, basierend auf einer Formatvorlage, ein Dokumentenraster für das Erfassen der Texte festgelegt.

Computer und Internet vereinfachen die Zusammenarbeit. Häufig wird aber unterschätzt, dass eine effiziente Zusammenarbeit vorausgehende Absprachen erfordert. Diese beschränken sich nicht nur auf technische Aspekte wie Formatvorlagen oder die Wahl geeigneter Plattformen und Kommunikationskanäle. Auch die Zusammenarbeit der beteiligten Personen setzt solche Absprachen voraus. Schon beim gemeinsamen Schreiben eines Textes muss klar sein, wie und wann man Texte anderer Personen korrigieren darf. Auch Verantwortlichkeiten wie zum Beispiel jene der Datensicherung oder jene der Rechte am Endprodukt müssen geklärt sein.

BEISPIEL 6 **Wie funktioniert das?**

Im Physikunterricht wird das Aufsteigen von CO_2-Blasen in Flüssigkeiten wie Coca-Cola oder Bier untersucht. Diese Blasen bilden sich im Glas meistens in Bodennähe und steigen dann immer rascher und größer werdend auf. Schnell zeigt sich, dass hinter diesem Prozess ein recht komplexes dynamisches System steckt: Je größer die Blasen werden, desto größer wird die Oberfläche und desto mehr CO_2 kann in der Blase akkumuliert werden. Die Blase wird noch größer und gleichzeitig nimmt der Auftrieb zu. Diesem Aufwärtstrend entgegen wirkt der Strömungswiderstand. Je größer die Querschnittsfläche einer Blase ist, desto weniger leicht steigt sie in einer Flüssigkeit auf. Schon das Zusammenwirken dieser drei konkurrenzierenden Kräfte ist nicht leicht verständlich. Die Schülerinnen und Schüler beschließen deshalb, diesen dynamischen Prozess mit einem einfachen Erklärvideo zu visualisieren. Dazu werden aus Papier einzelne Blasen verschiedener Größen ausgeschnitten und in einer Sequenz von aufeinanderfolgenden Standbildern die Wirkung der einzelnen Kräfte demonstriert.

Die Metareflexion, also das Denken über das eigene Denken, ist eine sehr effektive Unterrichtsmethode, wird aber im Unterricht oft stiefmütterlich behandelt. Ist ein Sachverhalt erklärt, eine Aufgabe gelöst, geht man rasch zum nächsten Thema über. Die Fülle der im Unterricht zu behandelnden Themen lässt wenig Zeit, um zu reflektieren, warum ein bestimmter Lösungsweg zum Ziel führte und ein anderer Lösungsansatz scheiterte. Dabei würde es sich lohnen, nochmals die Gedanken und Ansätze durchzugehen und die wichtigsten Erkenntnisse in stark reduzierter, plastischer Form festzuhalten. Kurze Erklärvideos und Infografiken lassen sich einfach mit dem Computer erstellen. Zudem können solche Visualisierungen später für den Einstieg in ein Thema verwendet werden. Die von den Lernenden erstellten Produkte werden für andere Lernende zu kleinen Unterrichtshilfen.

Rollenbilder privat, beruflich und öffentlich

Die Fähigkeit, seine eigene Person mit digitalen Medien angemessen darzustellen und die Darstellung anderer Personen kritisch zu hinterfragen

Die Zeit des Barocks gilt als eine Zeit der Ausschweifungen. Die Menschheit schien das Maß für die Selbstinszenierung verloren zu haben. Neben prachtvollen Bauten und Kunstwerken, die den Willen zur Macht des Katholizismus und des Absolutismus demonstrierten, leisteten sich die Wohlhabenden einen Lebensstil, der heute noch Unverständnis, Abscheu, aber auch Bewunderung und Ergriffenheit auslöst. Eigenartig erscheint uns, dass man alles zur Schau stellte. Nie zuvor wurde Nacktheit mit so viel Lüsternheit, Reichtum mit so viel Protzgehabe und Transzendenz mit so viel Freude an Wollust, Ekstase und einem Hang zum Morbiden verbunden, gelebt und abgebildet. Betrachtet man die heutige Medienwelt aus einer gewissen Distanz, kann man erstaunliche Parallelen zum Barockzeitalter erkennen. Die digitalen Medien erlauben es heute jedem, sich auf einfache Weise multimedial in der Öffentlichkeit darzustellen. Das Netz ist voll von Familienfotos, die jeden noch so unwichtigen Schritt aus dem Leben unserer Kinder zeigen. Vereinsanlässe, Geburtstagsfeiern, Partys und vieles mehr werden multimedial dokumentiert, nicht selten begleitet von Darstellungen peinlicher Momente. Realityshows spiegeln uns eine vermeintliche Wirklichkeit vor, Stars und Möchtegern-Starlets tummeln sich an exotischen Stränden oder kämpfen im Urwald um ihr Überleben. Und wie im Barock ziehen im Hintergrund mächtige »Players« die Fäden. In vielen Bereichen ist die Welt zu jenem großen Theater verkommen, das sich der barocke Mensch zwar gedacht hat, aber von dessen Trivialität er angewidert gewesen wäre. Im Unterschied zu heute war damals erstklassiges Handwerk die Prämisse jeder Darstellung. Heute laufen wir Gefahr, die Schauspieler einer medialen Schmierentragödie zu werden, in der die Qualität den Einschaltquoten geopfert wird. Besonders pikant: Auch fantasievolle Menschen erliegen oft der Versuchung, sich ausschweifend darzustellen und die Grenzen des guten Geschmacks zu überschreiten.

Im Theaterstück »Jedermann« von Hugo von Hofmannsthal büßt Jedermann am Ende für seinen überheblichen, oberflächlichen Lebensstil. Heute werden wir nicht wie Jedermann von Gott gerichtet, vielmehr sind es unser privates Umfeld, der Arbeitgeber oder gar die Öffentlichkeit, die unüberlegtes Handeln und übertriebene Selbstdarstellungen bestrafen. Mit Bildern dokumentierte Alkoholexzesse am Polterabend, unbedachte politische Äußerungen in einem Twitter-Beitrag oder auch schon Freunde in einem sozialen Netzwerk, die eine fragwürdige Vergangenheit haben, können bei einer Stellenbewerbung eine entscheidende Rolle spielen. Wir laufen sogar Gefahr, dass ohne unser Zutun in Blogs, Foren und sozialen Netzwerken Informationen über uns in Umlauf gebracht werden, die unseren Ruf ruinieren. Bestand früher mit Gegendarstellungen in einer Zeitung noch die Möglichkeit, sich wieder ins richtige Licht zu rücken, ist das im heutigen global vernetzten Umfeld meistens aussichtslos. Es wäre interessant zu wissen, wie in vierhundert Jahren über uns »gerichtet« wird. Auf jeden Fall ist es angebracht zu thematisieren, was an den heutigen Ausdrucksformen gefährlich, peinlich, eitel, kreativ und informativ ist.

Im bereits in der Einleitung erwähnten Bericht »Kompetenzen in einer digital geprägten Kultur« werden die Herausforderungen, die sich bei der Auseinandersetzung mit Rollenbildern in den Medien ergeben, sehr gut beschrieben. Im Abschnitt »Identitätssuche und Orientierung« steht unter anderem:

> »Die Entwicklung der Persönlichkeit als ein Sich-ins-Verhältnis-Setzen zur Welt kann heute nicht ohne technologische Bildung und ohne Medienbildung verstanden werden. Im Netz und in den virtuellen Gemeinschaften bewegen sich die meisten jungen Menschen wie selbstverständlich. Diese Umgebungen spielen eine ganz wesentliche Rolle in ihrer Sozialisation,

im Freizeitverhalten, in der Selbstfindung, der Ausbildung von Gemeinschaftlichkeit und darin, wie junge Menschen sich ins Verhältnis zur Welt setzen. Beim handelnden Bewusstwerden und Reflektieren dieser Erfahrungen müssen Bildungseinrichtungen unterstützen und begleiten. Medienbildung, die Identitätssuche und Orientierung unterstützt, drückt sich in folgenden Kompetenzen aus:

[…]

- sich mit Rollenbildern in den Medien auseinandersetzen, die digitale Darstellung der eigenen Person angemessen und wirkungsvoll gestalten, dabei die Rechte einer informationellen Selbstbestimmung kennen und berücksichtigen;
- die Möglichkeiten der Artikulation mit Digitalen Medien in (politischen) Öffentlichkeiten kennen und nutzen sowie dafür Verantwortung tragen.«

Seite 9 f.

Diese Kompetenzen betreffen drei Bereiche: das Privatleben, den Beruf und die Wahrnehmung in der Öffentlichkeit. Diese drei Bereiche sind eng miteinander verzahnt und werden durch die digitale Medienwelt stark beeinflusst.

Privatleben

Gerade für Jugendliche ist es wichtig, die eigene Person selbstbestimmt in verschiedenen medialen Formen darstellen zu können. Diese Aufgabe wird durch die zur Verfügung stehenden digitalen Mittel technisch stark vereinfacht. War früher das Erstellen eines guten Porträtfotos eine aufwendige und auch kostspielige Angelegenheit, lassen sich heute solche Fotos schnell und kostengünstig erstellen, nachbearbeiten und über verschiedene Kanäle verbreiten. Je nach Zweck können auch Videos oder gemischte Darstellungsformen genutzt werden. Nicht nur die Jugendlichen bewegen sich angesichts der einfachen Möglichkeit zur digitalen Darstellung der eigenen Person auf einem schmalen Grat. Beiträge in digitalen Medien können schnell kopiert und weiterverbreitet werden, geografische Grenzen gibt es faktisch keine mehr und einmal im Netz, verliert man die Kontrolle über die eigene Darstellung fast vollständig. Peinliche Fotos oder unüberlegte Äusserungen machen schnell die Runde und können nur schwer wieder gelöscht werden. Noch schwerwiegender ist es, wenn andere die Darstellung einer Persönlichkeit bewusst verfälschen oder gar eine falsche Identität vorspiegeln. Ist ein Mobbing- oder Bashing-Prozess erst einmal so richtig in Gang gekommen, ist die Lawine oft nicht mehr zu stoppen.

Gegenüber früher viel größer ist auch die Gefahr, sich von anderen Rollenbildern beeinflussen zu lassen. So führen überzeichnete Darstellungen von männlichen und weiblichen Rollenbildern bis hin zu Pornos im Netz bereits im Kindesalter zu einer Beeinflussung, was ein Mann und was eine Frau ist und tut. Die digitalen Medien werfen uns hier möglicherweise um Jahrzehnte zurück, was die Emanzipation von einem sexistischen Rollenverständnis betrifft.

Will man die Darstellung der eigenen Person in den Medien korrigieren, muss man wissen, welche Rechte man besitzt und wie man diese Rechte geltend machen kann. Angesichts von Phänomenen wie »Big Data« und »Gläserner Mensch« muss man auch die Grenzen des eigenen Handelns einschätzen können. Allzu leicht wiegt man sich sonst in falscher Sicherheit. Nur ein Beispiel: Ein Lehrer verweigert die eigene Abbildung im Verzeichnis der Lehrpersonen der Schule. Abgesehen davon, dass ein solches Foto durchaus einen sinnvollen Zweck erfüllen mag, kann der Lehrer damit nicht verhindern, dass andere Personen Bilder von ihm ins Netz stellen. Um die Kontrolle über die eigenen Bilder zu erreichen und zu behalten, empfiehlt es sich, ein gutes eigenes Foto an prominenter Stelle zu publizieren und so sicherzustellen, dass bei einer Bildersuche zuerst dieses Foto gefunden wird.

Nicht unterschätzt werden darf ein weiterer Aspekt. Viele Menschen verbringen in sozialen Netzwerken sehr viel Zeit mit der Pflege ihres eigenen Rollenbildes und des Freundeskreises. Wer in verschiedenen Netzwerken unterwegs ist, muss sein Profil und seinen Status auf allen diesen Kanälen aktuell halten und den Personen im eigenen Freundeskreis die erwartete Beachtung schenken. Ist man zusätzlich noch aktiv in Online-Games, summiert sich der tägliche Aufwand schnell auf eine oder mehrere Stunden und schränkt damit die eigene Produktivität – sei es am Arbeitsplatz oder in der Schule – ein.

Berufsleben

Viele Hinweise zur Selbstdarstellung von Privatpersonen haben auch im Berufsleben ihre Gültigkeit. Als Arbeitnehmer oder als Firma ist man gefordert, sein Bild in der Öffentlichkeit kompetent und selbstbestimmt zu gestalten. Ein Missgriff bei der Darstellung der eigenen Firma kann verheerende Folgen haben. Die unbedachte Veröffentlichung von Firmendaten kann von der Konkurrenz oder den Medien erbarmungslos ausgeschlachtet werden. Aber auch zu viel Geheimniskrämerei kann investigative Journalisten, die Skandalpresse oder frustrierte Mitarbeitende auf den Plan rufen. Größere Fehler und Verfehlungen in einer Firma, sexuelle Abenteuer des CEOs, verschwiegene Mängel bei Produkten oder unerlaubte Preisabsprachen sind heute nur noch schwer geheim zu halten. Wenn über einer Firma ein sogenannter Shitstorm ausgebrochen ist, reichen die traditionellen Kommunikationsstrategien aus früheren Zeiten zur Problembewältigung nicht mehr aus. Hier sind in größeren Firmen professionelle Social-Media-Kommunikationsabteilungen gefragt.

Im Berufsleben kommt noch ein weiterer Aspekt hinzu. Die Grenzen zwischen dem Privatleben der Mitarbeitenden und der beruflichen Tätigkeit verwischen immer mehr. Trends wie Homeoffice oder Bring Your Own Device, also das Arbeiten mit dem eigenen Computer, führen zu einer Vermischung von privaten und betrieblichen Angelegenheiten. Die Mitarbeitenden lesen auch zu Hause Firmenmails und werfen während der Arbeitszeit einen Blick in die privaten sozialen Netzwerke. Die Rollen Privatperson und Mitarbeiter auseinanderzuhalten, ist dabei oft nicht leicht. Für die Firma ist es zudem einfach, das Privatleben der Mitarbeiter zu verfolgen. Negative Äußerungen im privaten Kreis können so ungewollt zur Kenntnis des Arbeitgebers gelangen und schlimmstenfalls in einer Entlassung enden. Bei Stellenbewerbungen ist es längst üblich, die Aktivitäten eines Bewerbers in den sozialen Netzwerken zu überprüfen und so dessen Unterlagen zu ergänzen.

Öffentlichkeit

Mit dem Siegeszug der digitalen Medien hat sich die Bedeutung von »Aufmerksamkeit in den Medien« gewandelt. Zum einen kann ein an und für sich unbedeutendes Ereignis plötzlich zu einem großen Thema werden. Ein privates Chatprotokoll oder ein paar zweideutige Fotos auf dem eigenen Smartphone können unbeabsichtigt den Weg in die Öffentlichkeit finden. Zum anderen kann es aber angesichts der Informationsüberflutung schwierig sein, für ein Anliegen die nötige Aufmerksamkeit zu gewinnen. Wichtige Themen, zum Beispiel Missstände in politischen Gremien, können schnell wieder in Vergessenheit geraten oder durch Kommunikationsagenturen gezielt aus dem Fokus der Gesellschaft bewegt werden.

Neben dem Aspekt »Aufmerksamkeit« stehen heute viele Methoden zur Beeinflussung von Informationen und Rollenbildern zur Verfügung. Bewegt sich ein Individuum im gesellschaftlichen Leben, kann es sich der Überwachung nicht entziehen und wird faktisch zum »gläsernen Menschen«. Mächtige Informatiksysteme sammeln Daten über uns und werten sie aus, ob wir wollen oder nicht. Als Folge der Digitalisierung unserer Gesellschaft steht damit unsere Selbstbestimmung auf dem Spiel. Die vorherrschenden Meinungen, unser Konsumverhalten und gesellschaftliche Werte lassen sich gezielt manipulieren. Die verwendeten Methoden sind gegenüber früher viel raffinierter, allgegenwärtig und weniger offensichtlich. Big Data bestimmt unser Leben, oft ohne dass wir es merken. Viele Menschen blenden diese Gefahren mit einem »Ich habe nichts zu verbergen!« aus. Diese Sichtweise ist nicht nur naiv, sondern kann auch schwerwiegende Konsequenzen für den Einzelnen haben. Unsere Verbindungen in sozialen Netzwerken geben mehr über uns preis, als wir denken. Smartphones zeichnen unser Bewegungsverhalten auf, also wann wir uns wo aufgehalten haben. Durch eine gezielte Analyse von Profilen in sozialen Netzwerken und anhand des Bewegungsverhaltens kann so bei Ehepaaren bereits mit großer Verlässlichkeit die Wahrscheinlichkeit einer Scheidung in den nächsten Jahren abgeschätzt werden. Ein anderes Beispiel betrifft die Auswertung von Persönlichkeitsmerkmalen in sozialen Netzwerken. Solche Auswertungen erlauben es, mit hoher Trefferquote Zigarettenraucher, schwangere Frauen oder Extremsportler zu identifizieren. Diese Angaben sind für Versicherungen von großem Interesse.

Unsere Gesellschaft und unsere Gesetzgebung stehen diesen Entwicklungen noch ziemlich hilflos gegenüber. Im seinem 2014 erschienenen Buch »Die granulare Gesellschaft« zeigt der Soziologe Christoph Kucklick auf, dass das heutige Verständnis von Datenschutz der Zeit weit hinterherhinkt. Der »alte Datenschutz« unterscheide personenbezogene von nicht personengebundenen Daten. Das klinge zwar einleuchtend, nur habe Big Data dazu geführt, dass auch vermeintlich anonyme Daten viel über Personen verraten. Auch das Prinzip der persönlichen Kontrolle der eigenen Daten sei faktisch hinfällig geworden, da wir gar nicht in der Lage sind, diese Kontrolle auszuüben. Kucklick plädiert für Datenmanagement statt Datenschutz:

> »Daten sind weder Fluch noch Segen, sondern ein neuartiger Rohstoff, dessen Eigenschaften wir noch zu begreifen haben. Wir müssen die Daten nicht vor den Menschen schützen und die Menschen nicht vor ihnen. Datenschutz ist ein überholter Begriff. Daten sollen unser Leben bereichern, daher müssen wir sie managen wie Nahrungsmittel, Energie oder Abfall.«
> Seite 176

Ein weiteres, wenn auch kein neues Phänomen, das durch die Digitalisierung verstärkt wurde, ist Mobbing. Mit den digitalen Medien hat schikanierendes Verhalten eine neue Dimension erhalten: Personen lassen sich mit einfachen Mitteln rasch und global verunglimpfen. Genau wie früher gibt es keine Patentrezepte zur Verhinderung von Diffamierungen und Ausgrenzungen. Verbote oder moralisierende Predigten sind oft kontraproduktiv. Gefragt ist eine sachliche Auseinandersetzung mit der Entstehung und den Folgen von Mobbing. Welche Verantwortung tragen das Individuum, der Arbeitgeber, die Schule und der Staat als Gesetzgeber? Mit welchen Konsequenzen ist zu rechnen, wenn man die Grenzen überschreitet? Um diesen Gefahren kompetent begegnen zu können, muss man sich mit der digitalen Wirklichkeit auseinandersetzen.

Was heißt das für die Schule?

Lehrpersonen kommen nicht darum herum, sich mit den Bedrohungen der Persönlichkeitsrechte und der persönlichen Freiheit durch die Möglichkeiten der digitalen Medien zu befassen. Dieser individuelle Wissensrucksack ermöglicht es ihnen, Bedrohungsszenarien zu verstehen und die Lernenden bei deren Klassifizierung aktiv zu unterstützen. In ihrem Buch »Sie wissen alles« zeigt Yvonne Hofstetter auf, dass die Gefährdung viel größer ist, als man gemeinhin annimmt, und dass unsere Freiheit akut bedroht ist. Besonders fatal ist der Umstand, dass die Bedrohung nicht wahrgenommen wird, weil unzählige Gimmicks und Tools uns oberflächlich den Alltag versüßen und im Hintergrund über uns jede Art von Daten nicht nur sammeln, sondern auch zu ganzen Abbildungen unserer Persönlichkeit vernetzen.

Wir sind mit den Pädagogen Wolfgang Klafki und Hans Werner Heymann der Ansicht, dass die Schule junge Menschen dazu befähigen muss, selbst zu denken, sich nicht bevormunden zu lassen, Autoritäten zu hinterfragen und Sachverhalte und Meinungen mit eigener Vernunft zu prüfen. So hinderlich es für einen flüssigen Unterrichtsverlauf sein kann, wenn sich Schülerinnen und Schüler in Zivilcourage und Kritik üben und diese Fähigkeiten im Unterricht einsetzen, so unerlässlich sind sie für einen selbstbestimmten Menschen. Eigentlich sind solche »Hindernisse« eine Bestätigung für ein produktives Unterrichtsklima. Sie sind Zeugnis dafür, dass darin die Zivilcourage gefördert wird und dass sich Personen zu Persönlichkeiten entwickeln. Solche Prozesse können nicht ablaufen, wenn man die digital getriebene technologische Entwicklung ausblendet. Information, Kommunikation und Kooperation gehören heute zwingend in den Kanon einer Allgemeinbildung. Diese Themen dürfen dabei nicht nur auf der Ebene von Fertigkeiten bei der Nutzung digitaler Werkzeuge oder im Rahmen der Medienbildung oder einer informatischen Bildung abgehandelt werden. Vielmehr ist die Schule aufgerufen, eine Gesamtsicht zu vermitteln, in der sowohl Anwenderfertigkeiten als auch Medien- und Informatikbildung Platz haben. Betrachten wir zur Illustration kurz das Recherchieren im Internet: Wer Informationen im Netz sucht, braucht elementare Kenntnisse zur Bedienung von Suchmaschinen. Das Formulieren guter Suchanfragen setzt zudem voraus, dass man das Prinzip einer Suchmaschine versteht. Die gelieferten Treffer müssen auch kritisch auf ihren Wahrheitsgehalt und mögliche Interessenbindungen hinterfragt werden.

Für die Schule erhält die Debatte um die persönliche Freiheit größeres Gewicht, wenn die Bedrohung der Freiheit zunimmt. Mit der Bedrohung steigt die Notwendigkeit, diese zu beschreiben und Maßnahmen zum Schutz der Persönlichkeit aufzuzeigen. Die Sorgfalt im Umgang mit Daten muss in der Schule zum Thema gemacht werden. Welche Daten gelten als absolut privat? Welche sind für die Framily (family and friends) interessant? Welche sind berufsrelevant? Welche sind von öffentlichem Interesse? Die Schule soll nach Möglichkeit zeigen, wie man die Kontrolle über die Daten zur eigenen Person zumindest teilweise erlangen kann. Diese Aufgabe ist eine Gratwanderung. Auf der einen Seite lauern die Gefahren von Big Data samt einem potenziellen Persönlichkeitsverlust und auf der anderen Seite erleichtern die fast jederzeit und überall zur Verfügung stehenden Daten unseren Alltag, angefangen bei der einfachen Fahrplanabfrage bis hin zum bequemen Zugriff auf alle unsere Dokumente. Die Schule sollte sich davor hüten, Rezepte zu vermitteln, mit denen diese Gratwanderung vermeintlich einfach bewältigt werden kann. So kann in vielen Fällen Datensparsamkeit eine effiziente Methode zum Schutz der Privatsphäre darstellen. Wenn es um die eigene Gesundheit geht, kann es andererseits nur nützlich sein, möglichst viele Daten über seinen Körper zu sammeln und dem behandelnden Arzt zur Verfügung zu stellen. Bei der Nutzung von Suchmaschinen geben wir mit jedem eingegebenen Suchbegriff ein Stück unserer Identität preis und ermöglichen damit den Datenhändlern gezieltere Prognose- und Marketingverfahren. Auf der anderen Seite führt die gezielte Analyse von Suchanfragen durch Suchmaschinenbetreiber auch zu durchaus erwünschten Erkenntnissen. So können sich anbahnende Pandemien frühzeitig vorausgesagt werden. Unerwünschte Nebenwirkungen bei der gleichzeitigen Einnahme zweier Medikamente können aufgrund der Häufung von Suchanfragen durch die gleiche Person zu beiden Medikamenten entdeckt werden.

Wie macht die Schule das?

Bei der Auseinandersetzung mit Rollenbildern in den Medien, mit Wahrheit und Manipulation oder mit Verlässlichkeit und Qualität von Darstellungen spielen die eigenen Wertehaltungen eine gewichtige Rolle. Aufgabe der Schule ist es, nüchtern Chancen und Risiken bei der Nutzung digitaler Medien aufzuzeigen. Im Vordergrund muss die Sensibilisierung der Lernenden stehen. Diese erfolgt am besten ausgehend von aktuellen, konkreten Fallbeispielen, die einen Bezug zur Lebenswelt der Lernenden besitzen. So können ausgehend von der Verunglimpfung einer Person im Netz den Lernenden eine ganze Reihe von Fragen als Arbeitsaufträge gegeben werden: Hätte die betroffene Person Vorkehrungen treffen können und falls ja, welche? Hätte das Umfeld der Person die Verunglimpfung möglicherweise verhindern oder deren Folgen zumindest mildern können? Stehen der betroffenen Person gesetzliche Instrumente zur Verfügung, um sich erfolgreich gegen die Verunglimpfungen zu wehren? Könnten die Gesellschaft und der Staat Maßnahmen ergreifen, die solche Vorfälle erschweren oder verhindern?

Wie ganz generell mit Daten umgegangen werden soll, ist ein noch ungelöstes Problem. Weder Datensparsamkeit, Datenmanagement noch Wachsamkeit helfen wirkungsvoll. Lehrpersonen neigen zwar mit gutem Recht dazu, Lösungen anzubieten. Die vernünftigste Haltung ist allerdings wohl das Eingeständnis, dass jedes der Postulate zum Umgang mit Daten seine Berechtigung hat und dass Gleichgültigkeit gegenüber dem Problem fatal wäre. Das Zugeständnis, dass keine Patentrezepte existieren, ist zurzeit die einzig vertretbare Haltung. Für die Zukunft braucht es wahrscheinlich einen Gesellschaftsvertrag, der sich aus der zurzeit äußerst unbefriedigenden Situation ergibt und der allenfalls zu einer Art Daten-Revisionsstellen für staatliche und private Organisationen führt, ähnlich den Revisionsstellen, wie wir sie für die Buch- und Geschäftsführung kennen. Es ist klar, dass die Schule gegenüber einer solchen Forderung etwas hilflos aussieht. Sie trägt aber dazu bei, dass junge Leute die Probleme kennen und versuchen, in kreativer Weise Lösungen zu entwerfen und zu hinterfragen. Auch hier gilt: Lösungen sind nur zu erwarten, wenn man sich aktiv und manchmal auch ohne Ergebnisdenken mit dem Problem buchstäblich herumschlägt.

Was muss ich wissen und können?

Lehrerinnen und Lehrer müssen über den drohenden Verlust von Privatsphäre und Selbstbestimmung im Bilde sein. Sie müssen die rechtlichen Grundlagen kennen, sowohl jene zum Schutz der Persönlichkeit im Privatrecht wie auch die Strafbestimmungen des öffentlichen Rechts, die Datenschutzgesetze und natürlich die Konsequenzen für die Schule. Sie weisen deutlich darauf hin, was in der Schule oder im Betrieb im Umgang mit den digitalen Medien erlaubt ist und was nicht. Sie können zum Beispiel darauf hinweisen, dass grundsätzlich keine Aufnahmen von Privatpersonen gemacht werden dürfen, wenn keine Erlaubnis vorliegt.

Die Vorbildfunktion einer Lehrperson verlangt, dass sie ihre eigene Rolle und ihren Auftritt hinterfragt, denn sie gibt von Berufs wegen ein Beispiel ab.

Beispiele aus dem Unterricht

BEISPIEL 1 **Das persönliche Beziehungsnetz analysieren**

Familie, Freunde, Mitschülerinnen, Arbeitskollegen, Nachbarinnen – wie groß ist eigentlich das eigene soziale Beziehungsnetz? Gibt es Unterschiede zwischen dem realen Beziehungsnetz und dem virtuellen Netz? Ist die Anzahl der Freunde vom Alter abhängig? Haben Frauen mehr Bekannte als Männer? Eine Schulklasse hat sich zum Ziel gesetzt, diesen Fragen auf den Grund zu gehen. Anhand eines Rasters kategorisieren die Lernenden das eigene soziale Beziehungsnetz und stellen die Unterschiede zwischen dem realen und dem virtuellen Freundeskreis grafisch dar. Sie markieren jene Personen, die erst im Lauf der letzten drei Jahre zum Beziehungsnetz gestoßen sind, und versuchen sich zu erinnern, welche Beziehungen in den letzten Jahren versandet sind. Alle Daten werden zu einer Gesamtstatistik zusammengefasst und die Erkenntnisse diskutiert. In einem nächsten Schritt werden die Lernenden mit einer These des Anthropologen Robin Dunbar konfrontiert, der sich schon vor dem Internetzeitalter mit der Frage beschäftigt hat, mit wie vielen Personen man engere soziale Beziehungen pflegt. Diese sogenannte Dunbar-Zahl besagt, dass ein Individuum mit circa 150 Personen soziale Beziehungen unterhalten kann.

Jugendliche bewegen sich heute in ihrem realen Umfeld und in virtuellen Gemeinschaften. Reale und virtuelle Freunde spielen eine wichtige Rolle beim Erwachsenwerden und Finden der eigenen Persönlichkeit. Reale und virtuelle Welten vermischen sich dabei laufend. So werden Computerspiele heute oft im Internet gespielt. Beliebt sind Mehrpersonenspiele, bei denen verschiedene Spieler verteilt über die

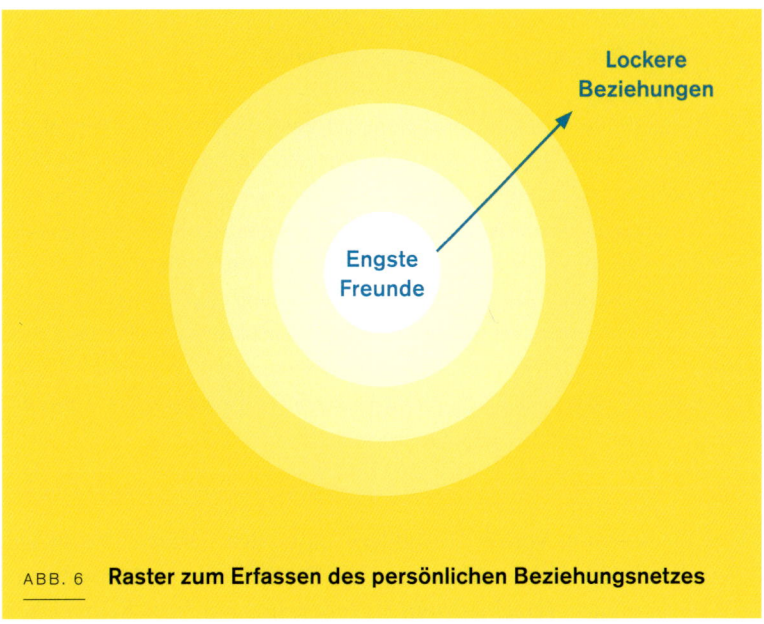

ABB. 6 **Raster zum Erfassen des persönlichen Beziehungsnetzes**

ganze Welt gegeneinander oder miteinander spielen. Diese virtuellen Spielgemeinschaften treffen sich aber oft auch real und die immer wieder gehörte Befürchtung, Computerspiele würden einsam machen, trifft auf den Großteil der Spieler nicht zu. Die Auseinandersetzung mit den Einflussfaktoren des persönlichen Beziehungsnetzes schärft bei den Lernenden zum Beispiel das Bewusstsein, dass man auch in virtuellen sozialen Netzwerken Freunde gezielt auswählen soll und diesen Freundeskreis pflegen muss. Nicht mehr bestehende Beziehungen können aufgelöst werden, so kann die Übersichtlichkeit des Freundeskreises gewahrt bleiben. Ein bewusst gepflegtes Beziehungsnetz in den digitalen Medien ist eine der wichtigsten Maßnahmen, um Mobbing und anderen Gefahren vorzubeugen.

BEISPIEL 2   **Rollenbilder in Filmen untersuchen**

Ein Deutschlehrer stellt die Behauptung auf, dass alle männlichen Filmrollen in die Kategorien Held, Depp und Bösewicht eingeteilt werden können. Die Lernenden überprüfen diese These anhand ihrer Lieblingsfilme. Im Internet finden sich umfassende Angaben und Fotos zu den Rollen und Besetzungen. Das Kategorisieren der Rollen geht deshalb schnell. Im Anschluss erhalten die Lernenden den Auftrag, in Gruppen zu untersuchen, ob sich auch die Frauenrollen im Film in wenige Kategorien einteilen lassen. Die Resultate werden in kleinen Präsentationen festgehalten, diskutiert und die Klasse überlegt sich, ob die Resultate ihrer Untersuchungen ein wenig provokativ in der Lokalpresse veröffentlicht werden sollen.

Die Untersuchung von Rollenbildern muss sich natürlich nicht auf Filmrollen beschränken. Man kann die Darstellung von Menschen in den Medien nach verschiedenen Kriterien untersuchen: Bei welchen Aktivitäten werden Personen in den Medien bevorzugt dargestellt? In der Freizeit, bei der Arbeit, zu Hause? Mit welchen anderen Personen zusammen? In welchen Situationen werden typischerweise Politiker gezeigt? Für Jugendliche sind Schönheit, Stärke und Akzeptanz bei Freunden wichtige Faktoren in ihrer Persönlichkeitsentwicklung. Sie vergleichen sich mit ihren Freunden und mit Vorbildern aus der Sport-, der Mode- oder der Unterhaltungswelt. Die Medien erlauben einen umfassenden Blick auf das Leben von Stars und Möchtegern-Stars. Hier ist ein kritisches Bewusstsein gefragt, weil diese Bilder fast immer eine geschminkte Wirklichkeit zeigen.

BEISPIEL 3 **Bilder bewusst manipulieren**

Im Geschichtsunterricht geht es um die Ursachen, die zum Ersten und zum Zweiten Weltkrieg geführt haben. Anhand von Bildmaterialien analysieren die Lernenden, wie die Kriegsgegner wichtige Ereignisse in den Medien darstellten. Die Stimmung in den betroffenen Bevölkerungen wird anhand von Fotoarchiven im Internet genauer untersucht. Die Lehrerin will die Lernenden zu einer differenzierten Betrachtungsweise von Bildern und damit auch von Filmen hinführen. Sie sollen erkennen, dass Bilder in den Medien mit einer bestimmten Absicht gewählt werden und immer nur einen Ausschnitt der Realität zeigen. Um dem Thema mehr Gewicht zu geben, gibt die Lehrerin anschließend den Auftrag, Bilder von aktuellen Kriegsszenen bewusst zu verfälschen. Allein durch die Auswahl eines Ausschnitts kann ein Bild eine ganz andere Aussage erhalten. Mithilfe einfacher Bearbeitungsprogramme können Personen durch andere Personen ersetzt oder die Hinweise auf den Ort des Geschehens manipuliert werden.

Bilder machen uns glauben, dass wir durch sie komplexe Sachverhalte besser verstehen können. Sie fördern aber selten eine kritische Auseinandersetzung mit der Wirklichkeit, sondern verhindern diese geradezu. Deshalb lohnt es sich, im Unterricht über die Macht der Bilder zu sprechen. Noch nachhaltiger und spannender ist es, wenn die Lernenden selbst aktiv Bilder verändern. Die Erfahrung, wie einfach Bilder manipuliert und damit auch deren Aussagen verändert werden können, zeigt, dass Bilder lügen können. Auch andere Themen können Ausgangspunkt für das kritische Hinterfragen von Bildern sein, zum Beispiel der Schlankheitswahn bei Models, männliches Machogehabe oder kulturelle Stereotypen.

BEISPIEL 4 **Was gehört auf die Vereinswebsite?**

Eine Schülerin berichtet im Unterricht, sie sei in den Vorstand eines Unihockeyvereins gewählt worden und habe die Aufgabe, die bestehende Homepage neu zu gestalten. Der Lehrer nimmt den Hinweis zum Anlass, grundlegende Fragen zur Gestaltung einer Website zu klären. Der Fokus der Lernenden liegt fast ausschließlich auf der grafischen Gestaltung. Viel wichtiger wären aber die gezielte Auswahl der Inhalte und das Klären der Frage, welche Daten nur für Vereinsmitglieder zugänglich sein sollen. Die Lernenden tragen die Informationen zusammen, die auf der Website veröffentlicht werden sollen. Es tauchen Fragen auf wie: Sollen bei den bevorstehenden Veranstaltungen auch die Organisatoren samt Kontaktdaten publiziert werden? Gehört das Mitgliederverzeichnis auf die Website – allenfalls sogar mit Fotos aller fünfzig Mitglieder? Sollen die Statuten, das Budget und die Jahresrechnung nur für die Mitglieder in einem geschützten Bereich zugänglich sein? Gehören Fotos von (gelegentlich feuchtfröhlichen) Siegesfeiern auf die Website? Welche Daten sollen in einem Archiv längerfristig verfügbar bleiben? Aufgrund des Datenschutzgesetzes wird geklärt, welche Personendaten als besonders schützenswert einzustufen sind und deshalb nicht oder nur mit Einwilligung der Betroffenen veröffentlicht werden dürfen.

Kenntnisse der Eckpfeiler der Datenschutzgesetze gehören heute zur Allgemeinbildung. Eine Person muss bei der Bearbeitung von Daten, insbesondere von Personendaten, sowohl ihre Rechte als auch ihre Pflichten kennen. An konkreten Beispielen wie der Homepage eines Sportvereins lernen die Schülerinnen und Schüler Daten in verschiedene Kategorien einzuteilen – von »besonders schützenswert« bis zu »von öffentlichem Interesse«. Die Diskussion des Pro und Kontra einer Veröffentlichung der Mitgliederliste samt Fotos und Adressen zeigt das Dilemma beim Umgang mit Personendaten beispielhaft auf. Für die Kommunikation im Verein und für externe Anfragen ist eine solche Liste hilfreich. Andererseits handelt man sich leicht unerwünschte Werbesendungen von Sportartikelherstellern ein. Die

Diskussion trägt dazu bei, die Lernenden für das Verhältnismäßigkeitsprinzip – so viele Daten wie nötig, so wenig wie möglich – zu sensibilisieren.

BEISPIEL 5 **Whistleblower oder Nestbeschmutzer?**

Nach der Aufdeckung einer Korruptionsaffäre kommt es in einer Klasse einer Berufsfachschule zu heftigen Diskussionen. Eine Lernende berichtet, dass ihre Baufirma mit anderen lokalen Betrieben Preisabsprachen treffe, um so die nichtlokale Konkurrenz auszuschalten. Sie erwäge, diesen Sachverhalt anonym in einem Blog zu veröffentlichen. Ein anderer Lernender berichtet, dass er beim Ausgehen nach der Arbeit seinen verheirateten Chef nun schon mehrmals mit anderen Frauen flirten gesehen habe. Das sei ebenso verwerflich wie Preisabsprachen. Die Diskussionen veranlassen den Lehrer, das Thema »Whistleblower und Nestbeschmutzer« aufzugreifen. Whistleblower sind Personen, die für die Allgemeinheit relevante Missstände uneigennützig aufdecken und dabei ein beträchtliches Risiko eingehen. Sie heben sich von Nestbeschmutzern ab, die aus niedrigen oder egoistischen Gründen Firmen, Institutionen oder Personen verunglimpfen. Die Klasse trägt aus Wikipedia und sich daraus ergebenden weiteren Quellen bekannte Fälle von Whistleblowing und Nestbeschmutzung zusammen und vergleicht diese mit ähnlich gelagerten, wenn auch im Umfang viel kleineren Begebenheiten aus dem eigenen Umfeld. Die Lernenden werden so für den schmalen Grat zwischen dem Handeln im Interesse der Gesellschaft und dem Handeln aus Eigennutz sensibilisiert.

Für Privatpersonen, Unternehmen oder Regierungsinstanzen ist es fast unmöglich geworden, Daten geheim zu halten. Korruption, Insiderhandel, Börsenmanipulation oder Wahlbetrug, aber auch Seitensprünge oder Alkoholexzesse kommen heute schnell ans Licht. Die Beweggründe für die Enthüllungen können unterschiedlicher nicht sein: Die Palette reicht vom reinen Racheakt bis hin zum Handeln aus hohen moralischen Beweggründen. Je nach Standpunkt und Gesinnung werden die Motive der Whistleblower unterschiedlich beurteilt. So erhielt der bekannte Whistleblower Edward Snowden für seine Enthüllungen rund um die weltweiten Überwachungspraktiken des amerikanischen Geheimdienstes mehrere Auszeichnungen. In den USA selbst wurde er des Diebstahls von Regierungseigentum und des Landesverrats beschuldigt. Das geschilderte Unterrichtsszenario eignet sich unter anderem, um die Lernenden für das Abwägen zwischen den Interessen eines Staatsapparates und jenen der Bevölkerung mit ihren Freiheitsrechten zu sensibilisieren.

Kreatives, produktives Denken

Die Fähigkeit, Ungewöhnliches zu denken und den eigenen Einfällen eine Chance zu geben

Kreativität ist wahrscheinlich nicht einfach erlernbar oder verlernbar. »Sei kreativ!« ist eine etwa gleich sinnlose Aufforderung wie »Sei musikalisch!« oder »Sei spontan!«. Nach dem Psychologen Mihály Csíkszentmihályi, der das Phänomen »Flow« beschrieben und untersucht hat, findet Kreativität im Zusammenspiel von Individuum, Lebensumständen und anerkennender Umwelt statt. Es müssen also drei Komponenten vorhanden sein und zusammenwirken. Somit könnte resignativ vermerkt werden, dass sich dieses Kapitel nur an eine Minderheit wendet, die von einer glücklichen Konstellation profitiert. Csíkszentmihályi merkt an, dass selbst die grundsätzlich kreativen Menschen nicht jederzeit kreativ sein können. Kreativität ist sogar für überdurchschnittlich kreative Menschen eine knappe Ressource. Bei besonders begabten Leuten besteht zudem das Risiko, nicht als kreativ, sondern als verrückt zu gelten. Dies geschah Künstlern wie Pablo Picasso ebenso wie Jahrhunderte vor ihm Leonardo da Vinci. Im Bereich der technischen Entwicklung sind die Erfinder James Watt oder Graham Bell gleichermaßen diffamiert worden. Unter Kreativität verstehen wir das Nutzen von Einfällen und Ideen, die möglicherweise auf den ersten Blick abwegig erscheinen mögen, wenn wir den Maßstab eines durchschnittlich vernünftigen Menschen anwenden. Wir wissen, dass Durchschnitt und Vernunft nicht die Quellen der Kreativität sind – bestenfalls sind sie deren sinnvolle Begrenzung. Kreativität entsteht, wenn man Denkräume öffnet und zeitweise in einer Welt lebt, die sich fragt: Was wäre, wenn?

Es gibt unzählige Ratgeber, wie Kreativität gefördert werden kann. In Kursen werden Kreativitätstechniken vermittelt, die Einzelpersonen, aber auch ganze Teams in einem Unternehmen zu kreativem Denken anregen sollen. Obwohl alle diese Ratschläge und Methoden gut gemeint sind, haftet ihnen der Nachteil an, dass gerade der Versuch, Gedanken in eine bestimmte Bahn zu lenken oder in einer größeren Gruppe zu diskutieren, in der Regel zu einer Normierung des Denkens führt. Die Voraussetzung für kreative Prozesse ist meist persönlicher Natur und kann nur bedingt im Rahmen institutioneller Maßnahmen gefördert werden. Zu den persönlichen Eigenschaften kreativer Menschen zählen das Interesse an komplexen Problemen und die Bereitschaft, gängige Lösungswege infrage zu stellen. Eng damit verbunden ist ein gewisses Maß an Nonkonformismus und an Risikobereitschaft. Kreativität verlangt zudem Neugier und Ausdauer, um in verschiedene Richtungen zu denken, seinen Standpunkt bewusst zu wechseln und Ideen zu verfolgen, die auf den ersten Blick verrückt zu sein scheinen.

Die digitale Welt zeichnet sich durch ein hohes Maß an Komplexität aus. Viele Prozesse in der Wirtschaft, aber auch in unserem Alltag werden durch umfangreiche, untereinander vernetzte Informatiksysteme gesteuert, an deren Entwicklung oft verschiedene Teams von Softwareingenieuren und Programmierern in unterschiedlichen Ländern mitgewirkt haben. Die Abhängigkeiten zwischen diesen Systemen führen oft zu unerwartetem Verhalten bis hin zu Systemausfällen: Ganze Einkaufszentren werden lahmlegt, an den Börsen kommt es zu weltweiten Turbulenzen oder der öffentliche Verkehr bricht zusammen. In der Entwicklung großer Informatiksysteme fehlt oft der Blick für das große Ganze. Die beteiligten Entwicklerteams konzentrieren sich auf ihre Aufgabenbereiche und werfen keinen Blick über den berühmten Gartenzaun. Anstatt eine Komplexitätsreduktion anzustreben und bestehende Komponenten zu hinterfragen, macht man Informatiksysteme tendenziell unüberschaubarer.

Verzögert sich ein Informatikprojekt, glauben viele Manager, durch den Einsatz zusätzlicher Entwickler den Projektabschluss beschleunigen zu können. In»The Mythical Man-Month«, einem in Informatikkreisen berühmten Buch, führte Fred Brooks schon 1975 aus, dass mit dieser Maßnahme in der Regel das Gegenteil erreicht wird. Die neu hinzugekommenen Entwickler müssen sich zuerst einarbeiten und die einzelnen Projektteile müssen neu zugeordnet werden. Zudem steigt in den einzelnen Projektteams der Aufwand für die Koordination der Arbeiten und für die Kommunikation. Etwas salopp formuliert lautet Brooks Gesetz: »Bis zur Geburt eines Kindes dauert es neun Monate, egal, wie viele Frauen man dafür einsetzt.« Anstatt zu glauben, mehr Ressourcen würden alle Informatikprobleme lösen, wäre mehr Kreativität und Einfachheit gefragt. Welche Aspekte eines Produktes oder einer Lösung sind wirklich von Bedeutung? Welche Teile werden von den Kunden gewünscht und müssen priorisiert werden? Gibt es allenfalls ganz einfache Lösungen, an die man bisher nicht gedacht hat? Gerade erfolgreiche Informatikdienste basieren oft auf einfachen, aber kreativen Ideen. Gute Beispiele sind die Suchmaschine Google, die auf einer aus heutiger Sicht relativ banalen Relevanzrangierung der gefundenen Suchtreffer basiert, oder der Terminplaner Doodle, der sowohl in der Bedienung als auch in der Implementierung an Einfachheit nicht zu überbieten ist.

Es sind nicht nur hochkomplexe Informatiksysteme, die auf kreative Weise vereinfacht werden müssten. Auch in unserem Alltag erliegen wir allzu leicht den digitalen Verlockungen. Wir kaufen beispielsweise noch ein weiteres mobiles Gerät, dessen Daten dann mit den schon vorhandenen Geräten synchronisiert werden müssen, was oft nicht auf Anhieb gelingt. Weil wir nicht als altmodisch gelten wollen, nutzen wir die neuesten Softwareversionen und vergeuden unsere Zeit mit Aktualisierungen, Neuinstallationen und dem Datentransfer zwischen unseren Geräten. Viele Leute besitzen einen ganzen »Zoo« von digitalen Gadgets, ohne sich groß Gedanken über deren Sinn und Zweck gemacht zu haben. Unsere eigentlichen Aufgaben geraten dadurch in den Hintergrund und unsere Produktivität sinkt. Wieso halten wir nicht inne und überlegen uns, was wir eigentlich erreichen möchten und ob es dazu nicht einfachere Wege gibt? Produktives Denken verlangt neben vertrauten Mustern und Methoden auch neue Wege. Dazu kann durchaus der bewusste Verzicht auf die Nutzung eines digitalen Werkzeuges gehören.

Kreativität ist nicht in allen Berufen und bei jeder Tätigkeit gleichermaßen gefragt. Der Uhrmacher ist von Berufs wegen der Präzision verpflichtet. Für den Schreiner ist Genauigkeit gleichzusetzen mit Professionalität. Piloten und Fluglotsen haben sich im Interesse der Sicherheit streng an die Vorschriften zu halten. Bei allen Berufen gibt es jedoch Momente oder Positionen, bei denen kreatives Handeln verlangt wird. Der Uhrmacher widmet sich einer neuen Kollektion, der Schreiner entwirft ein Möbelstück oder schlägt eine Lösung für einen Ladenumbau vor und Piloten und Fluglotsen geraten in heikle Situationen, die rasche und kreative Entscheidungen erfordern.

Es ist sehr schwierig, persönliche Eigenschaften eines Menschen zu verändern. Aus einem eher vorsichtigen Menschen wird in der Regel kaum ein begeisterter Anhänger einer Risikosportart. Wer sich lieber der Meinung der großen Mehrheit anpasst, wird in einer Diskussionsrunde kaum selbstbewusst die vorherrschende Meinung kritisch hinterfragen. Es gibt aber Rahmenbedingungen, die kreative Prozesse erleichtern. Hierzu gehören insbesondere ausreichende Freiräume und genügend Zeit, ja gar Muße und gelegentlich eine gewisse Langeweile. Waldspaziergänge können kreative Ideen ebenso auslösen wie ein paar Stunden auf einer Parkbank. So paradox es scheint: Wir müssen uns aus der Atmosphäre lösen, mit der uns der Alltag mit seinen oft reißerischen Angeboten von morgens bis abends zudeckt und ablenkt. Ohne Muße verdrängen wir das Unangenehme oder wir »erledigen« es im wahrsten Sinne des Wortes – ungeachtet jeder Kreativität. Kreativität und Perfektionismus sind oft Gegensätze. Es zeigt die Erfahrung, dass wir uns in der Kreativität behindern, wenn wir alles hundert Mal hinterfragen, bevor wir Entscheidungen treffen. Natürlich verlangt Kreativität nicht Unüberlegtheit, aber ein gewisser »Leicht-Sinn« ist ihr zuträglich. Die große Kelle lässt mehr Eleganz und Bewegung zu als der kleine Teelöffel.

Muße und Langeweile sind in unserem digital geprägten Leben schon fast zum Fremdwort verkommen. Permanent werden wir mit Informationen zugeschüttet und mit Versuchungen geködert. Zudem werden wir unter dem Deckmantel der Qualitätssicherung mit eigentlichen Kreativitätskillern konfrontiert. Heute wird jedes nur denkbare Detail erfasst, gespeichert und mit Benchmarks verglichen. Von dieser Entwicklung bleibt kaum ein Bereich verschont. In der Krankenpflege wird jede Handreichung protokolliert und die Patientendossiers haben sich längst zu umfangreichen Dokumentationen entwickelt. Das Dokumentieren benötigt so viel Zeit und Geld, dass Pflegende immer weniger Möglichkeiten haben, sich der Pflege zu widmen. Im Hochschulstudium müssen die Ziele einer Lehrveranstaltung im Voraus definiert und mit umfangreichen Kompetenzrastern abgeglichen werden. Aha-Erlebnisse im Austausch zwischen dem Dozenten und den Studierenden und spontane Erkenntnisse werden angesichts des verplanten Unterrichts seltener. Auch in der Schule hat das Streben nach Qualität Einzug gehalten. Herkömmliche Zeugnisse weichen ausführlichen Einschätzungsbogen, in denen Selbst-, Sozial- und Methodenkompetenzen der Lernenden festgehalten werden. Die Versuchung, möglichst viele Daten zu sammeln und auszuwerten, vermittelt die Illusion einer gerechteren Bewertung von Lernleistungen, fatalerweise verbunden mit einer Unanfechtbarkeit.

Ebenso wie das Einhalten aller Pflegerichtlinien einen todkranken Patienten nicht mehr genesen lässt, wird ein langweiliger Unterricht allein durch das Befolgen unzähliger Vorgaben nicht spannend.

Was heißt das für die Schule?

Wahrscheinlich steht die Schule hier vor der kompliziertesten Aufgabe. Wir haben oben verschwiegen, dass Kreativität auch den schulfeindlichen Impetus hat, die Fehlerhäufigkeit zu erhöhen. Kreative Menschen sind, um es salopp auszudrücken, fehlerhafter als andere Menschen. Für die Karriere eines kreativen Menschen ist das in der traditionellen Auffassung von Schule fatal. Gerade junge, unerfahrene Menschen machen die Erfahrung, dass sich ihre Kreativität negativ auf die Benotung auswirken kann. Ihre Schreibprodukte gelten oft als unrealistisch, unhaltbar, unreif oder lächerlich. Das Gleiche gilt für die Motiv- oder die Farbwahl bei Zeichnungen. Wenngleich beide übergeordneten Fakultäten, also jene der Sprach- und Literaturwissenschaft und jene der bildenden Künste, die Freiräume weit geöffnet haben – in der Regel gilt dies nicht für die Schule.

Natürlich gibt es Schulmodelle, die Alternativen darstellen, und natürlich gibt es Lehrpersonen, die sich über die Kreativität der Lernenden freuen und manchmal gerade deswegen etwas durchgehen lassen. Ihnen sei von unserer Seite ein Kompliment ausgesprochen. Wenn wir die Schule als kreativitätsfeindlich darstellen, dann nicht deshalb, weil wir sie in ihrer Bedeutung herabsetzen wollen, sondern weil wir glauben, dass die Schule allgemein ein paar Maßstäbe überdenken muss. Die Schule hat junge Menschen auf die Teilnahme an der Gesellschaft und auf das Berufsleben vorzubereiten, was letztlich bedeutet, dass erfolgreich Leistungen erbracht werden. Dazu brauchen die Menschen Kompetenzen. Ökonomen drücken das so aus, dass die Menschen zielgerichtete Anstrengungen unter Einsatz von Betriebsmitteln pro Zeiteinheit bei einer bestimmten Arbeitsqualität erbringen sollen. Wo wir allerdings die Qualität der Leistung bis ins Letzte vorgeben, wird der Mensch nur zu einem Verbindungteil zwischen Input und Output. Wenn Kompetenz nur bedeutet, den Vorstellungen zu entsprechen, die die Kompetenzbeschreibungen in den Lehrplänen abbilden, besteht zumindest die Gefahr, dass Kreativität – also jene Begabung, die außergewöhnliche Menschen auszeichnet – unberücksichtigt bleibt. Leistung ist mehr als das, was zwischen Input und Output entsteht. Sie bedingt oft einen kreativen Prozess dazwischen. Diesem hat die Schule vermehrt Rechnung zu tragen. Was nützt es den kreativen Schülerinnen und Schülern, wenn sie ihren Weg farbig und anregend erleben, wenn dieses Erlebnis aber nirgends seinen Niederschlag findet und nur zählt, dass das Ziel nach ökonomischen Grundsätzen erreicht wurde?

Digitale Medien bieten die Möglichkeit, den Unterricht zu bereichern. Auch die Qualität von Prüfungen kann durch eine geschickte Nutzung der Medienvielfalt verbessert werden. Durch die einfache Integration von Multimedia-Formaten (Bild, Audio, Video usw.) können zum Beispiel im Geografieunterricht oder in der Ausbildung von Gesundheitsberufen realistischere Aufgaben gestellt werden, als dies in herkömmlichen textlastigen Prüfungen der Fall ist. In der

Praxis beobachten wir statt einer kreativen Nutzung digitaler Medien oft gerade das Gegenteil. Der Fokus bei E-Prüfungen liegt auf der automatischen Korrigierbarkeit und diese Prüfungen basieren damit in der Regel auf Fragen, die auf eher niedrigen kognitiven Leistungsniveaus angesiedelt sind. Nicht selten wird bei der Leistungsbeurteilung die Nutzung digitaler Werkzeuge gleich ganz verboten, meistens aus Angst vor Regelverstößen. Anstatt zu prüfen, ob die Lernenden die notwendigen Kenntnisse erworben haben, um Aufgaben mit den heute gängigen Werkzeugen (zum Beispiel Google und Wikipedia, Rechtschreib- und Übersetzungsprogramme) zu lösen, wird zwischen der Schule und der Wirklichkeit eine Mauer gebaut. Es wäre kreativer, zu überlegen, wie man Prüfungen gestaltet, bei denen man die kompetente Nutzung digitaler Werkzeuge und Medien nicht nur zulässt, sondern gleich einfordert. Hier ist es an den Lehrpersonen, vertraute Wege zu verlassen und neue Formen von Prüfungen zu erfinden. Es wird aber weiterhin Prüfungssituationen geben, in denen man den Gebrauch digitaler Medien bewusst einschränkt oder nicht zulässt, zum Beispiel bei Literaturinterpretationen oder Basiswissen und Grundfertigkeiten. Letztere unterscheiden sich von nachschlagbarem Faktenwissen und sollten aus Effizienzgründen jederzeit verfügbar sein.

Wie macht die Schule das?

Will die Schule gezielt Kreativität fördern, muss sie die heutigen Formen der Leistungsbeurteilung überdenken. Die Schule muss davon wegkommen, Erfolg stets an der maximalen Punktezahl für korrekt gelöste Aufgaben zu messen. Bei Problemlösungen sollten auch Originalität oder die Metareflexion nach einem gescheiterten Problemlösungsansatz mitberücksichtigt werden. Die Schule sollte Lernende mit dem inneren Zwang zu Höchstleistungen nicht frustrieren und ihre zaghaften Versuche, einmal etwas kontrovers zu beleuchten, honorieren. In der Schule darf es nicht nur um das Lösen von Aufgaben und Problemen gehen, deren Lösungen die Lehrpersonen in aller Regel bereits kennen. Dem Gestalten eigener Lerngelegenheiten muss genügend Platz eingeräumt werden. Dabei darf die Schule eine Einbuße an Perfektion in Kauf nehmen. Gemäß dem Pareto-Prinzip, auch 80/20-Regel genannt, kann man einen 80-prozentigen Erfolg in 20 Prozent jener Zeit erreichen, die man brauchen würde, wenn man einen 100-prozentigen Erfolg anstrebt. Weniger perfekte Lösungen setzen möglicherweise Ressourcen frei, um kreativere und trotzdem gute Lösungen zu finden. Im Unterricht lässt sich in vielen Fällen der Hang zur Präzision bei den Perfektionisten mit den Fähigkeiten der Träumer und Chaoten unter den Lernenden verbinden und nutzen.

Was muss ich wissen und können?

Eine Lehrperson muss nicht selbst zu den kreativen »Spitzenathleten« gehören und auch keine Seminare zu Kreativitätstechniken besuchen. Sie soll sich in erster Linie dessen bewusst sein, dass sich die Gesellschaft und die Arbeitswelt mit dem Wandel von der Industrie- zur Wissensgesellschaft radikal geändert haben und noch weiter ändern werden. Aufgrund der Digitalisierung und Automatisierung werden nicht nur viele Produktionsprozesse, an denen Menschen beteiligt waren, auf Maschinen verlagert. Diese Entwicklung ist für uns nicht neu, sie setzte bereits mit der Industriellen Revolution ein und führte zum Verlust vieler Arbeitsplätze (zum Beispiel in der Textilindustrie oder in der Landwirtschaft). Neu ist, dass diese Entwicklung nun auch Berufe im Dienstleistungssektor, im Bürobereich und selbst in der Informatik infrage stellt. Computer übernehmen auch in diesen Branchen immer mehr Routinearbeiten. Noch vor wenigen Jahren galten selbstfahrende Taxis als Utopie, ebenso qualitativ hochstehende Spracherkennungs- und Übersetzungsprogramme. Es kann nur schwer abgeschätzt werden, welche Arbeiten längerfristig nicht Opfer der Digitalisierung werden. Sicher handelt es sich dabei aber um Nicht-Routine-Arbeiten, bei denen es darum geht, komplexe Systeme zu überblicken und auch unerwartete, kreative Lösungen zu entwickeln. Lehrerinnen und Lehrer müssen diesen veränderten Anforderungen der Berufswelt und der Gesellschaft Rechnung tragen. Sie müssen ihre Rolle neu definieren, dürfen sich nicht mehr primär als detailverliebte Wissensvermittler sehen und müssen den Mut haben, auch mal um die Ecke denken zu können.

Wir haben uns dazu Gedanken gemacht, wie die Schule ganz konkret die Kreativität und das produktive Denken der Lernenden fördern kann. Soll die Schule gezielt Kreativitätstechniken vermitteln? Sollen die Lernenden in Gruppen kreative Ideen zu einem Thema entwickeln und diese Ideen dann in der Klasse diskutieren und gewichten? Sollen kreative Lösungen in Prüfungen mit Zusatzpunkten belohnt werden? Alle diese Ideen greifen zu kurz. Will man den Umgang mit Kreativität beherrschen und beurteilen, landet man zwangsläufig wieder in normierten Strukturen und die Kreativität geht verloren. Deshalb sind unsere nachfolgenden Beispiele als Anregungen zu verstehen. Wichtig ist, dass die Leserinnen und Leser ihre eigene Kreativität nutzen, um sich Gedanken zu machen, wie kreatives und produktives Denken im Unterricht gefördert wird.

Beispiele aus dem Unterricht

BEISPIEL 1 **Das »Google-Prinzip« in der Schule**

Der Internetgigant Google legt großen Wert auf hoch qualifizierte und kreative Mitarbeitende. Die strengen Personalauswahlverfahren sind legendär, ebenso die Bemühungen, eine Arbeitsatmosphäre zu schaffen, die Raum für das Entwickeln neuer Ideen bietet. Die Schule wird kaum eine kostenlose Verpflegung in der Mensa oder eine ganze Palette von Freizeitaktivitäten anbieten können. Aber das »Google-Prinzip« – an einem Tag in der Woche dürfen Mitarbeitende an einem eigenen Projekt arbeiten – kann die Schule kopieren. An einem festen Wochentag findet kein Unterricht im Klassenverband statt, sondern die Lernenden beschäftigen sich mit ihren eigenen Projekten. Haben die Lernenden, wie zum Beispiel an der Berufsfachschule, nur an einem Tag in der Woche Unterricht, findet die »Freistellung« gemäß einem entsprechenden prozentualen Anteil statt. Wichtig ist, dass die Schule keinen Einfluss auf die Projektwahl nimmt. So beschäftigen sich beispielsweise zwei Schülerinnen mit der Frage, ob ein Zusammenhang zwischen Intelligenz und Essgeschwindigkeit besteht. Eine Gruppe von Lernenden arbeitet an einem Haushaltsroboter, der Stoffservietten in verschiedenen Formen attraktiv drapiert. Einzige Auflage bei allen Vorhaben: Regelmäßig berichten die Lernenden über den Stand ihrer Projekte, über ihre Erfahrungen, ihre nächsten Ziele und auch über Misserfolge.

Die Förderung kreativen Denkens kann nicht in formellen Lernsituationen erfolgen, sondern setzt voraus, dass die Schule den Lernenden Freiräume zugesteht. Diese Zurückhaltung kann sich in Stundentafeln, Lehrplänen und Lehrmitteln äußern, die nicht überladen sind. Auch in jeder einzelnen Unterrichtsstunde kann eine Lehrperson Freiraum schaffen, indem sie den Lernenden die Möglichkeit gibt, Probleme selbst zu analysieren, in der Gruppe zu diskutieren und eigene Lösungswege zu entwickeln. Voraussetzung ist, dass sich die Lehrperson zurücknimmt oder, um es noch deutlicher zu machen, sich weniger wichtig nimmt. Ebenso von Bedeutung ist es, dass die Schule den Lernenden den Unterschied zwischen der Nutzung von Freiräumen und dem bequemen Nichtstun aufzeigt. Sie befindet sich hier in einem Dilemma. Die Forderung nach mehr Muße und Freiraum verträgt sich nur schlecht mit der Forderung nach Leistung und deren Bewertung. In obigem Beispiel wäre es trotzdem keine gute Idee, vollständig auf eine Bewertung der Projektarbeiten zu verzichten. Nur sollten nicht die Resultate im Vordergrund stehen, sondern die Initiative und die Arbeitshaltung der Lernenden, das Führen eines Lerntagebuchs, die Präsentation des Projektes und die sprachliche Klarheit. Auch Rückschläge und Sackgassen im Projekt führen zu einer positiven Beurteilung, wenn sie gut dokumentiert und reflektiert sind.

BEISPIEL 2 **Was soll ich mir merken?**

Kreatives Denken setzt Freiräume voraus. Diese schafft man sich dadurch, dass man nicht versucht, sich alles zu merken, sondern gezielt entscheidet, welche Daten man immer präsent haben will. Viele Daten kann man ebenso gut auf einem digitalen Gerät speichern und bei Bedarf darauf zugreifen. Der Physiklehrer fordert seine Schülerinnen und Schüler bei jedem Thema auf, diese Entscheidung vorzunehmen. In den Prüfungen dreht sich die erste Frage immer um ein Alltagsproblem, das im Grunde genommen ein typisches physikalisches Problem ist. Ein Beispiel: Wie kann eine einzelne Person einen außergewöhnlich schweren Bauernschrank auf einem Holzboden verschieben? Kenntnisse zur Hebelwirkung und Reibungsreduktion mittels eines Pappkartons sind nützlich. Haben die Lernenden diese Aufgabe bearbeitet, wechselt der Prüfungsmodus zu einer Open-(Note-)Book-Prüfung. Die Lernenden dürfen eigene Notizen, mitgebrachte Bücher und auch Informationen im Internet uneingeschränkt nutzen.

Schulen tun sich leider häufig noch schwer mit der Zulassung von Hilfsmitteln in Prüfungen. In schriftlichen Prüfungen des Fremdsprachenunterrichts sind keine Wörterbücher – weder in Papier noch digital – zugelassen. In der Mathematik darf höchstens eine jungfräuliche Formelsammlung ohne eigene Notizen und Ergänzungen verwendet und im Fach Geschichte darf die Wikipedia nicht als historisches Archiv genutzt werden. Damit verhindert die Schule, dass eine wichtige Kompetenz in der Wissensgesellschaft herangebildet wird: sich selbst Wissen zu erschließen und dieses Wissen zu verwalten. Die Idee, bei jedem Thema zu entscheiden, welche Sachverhalte man auf einen digitalen Datenträger auslagern kann, mag auf den ersten Blick überraschen. Sie fördert aber bei den Lernenden die Fähigkeit zur Metareflexion und schafft mental Platz für kreatives, produktives Denken. Im obigen Beispiel könnte eine Prüfungsfrage auch lauten: Beschreiben Sie verschiedene Alltagssituationen, in denen eine Kraftwirkung und die Reduktion des Reibungswiderstandes zusammenspielen.

BEISPIEL 3 **Wider das Copy-and-paste-Syndrom**

»Die Leiden des jungen Werthers« wird im Deutschunterricht behandelt. Im Internet findet sich zu diesem Klassiker eine unüberschaubare Menge an Textanalysen und Interpretationshilfen bis hin zu ganzen Listen mit denkbaren Prüfungsfragen und zugehörigen Musterlösungen. Für die Lernenden ist es einfach, mithilfe von Copy-and-paste Texte zu generieren, ohne sich gründlich mit dem Inhalt von Goethes Werk auseinanderzusetzen. Auch für die Lehrerin ist dies ein unbefriedigender Zustand. Sie geht deshalb neue Wege: Die Lernenden sollen den Text nach Gesichtspunkten analysieren und interpretieren, die man in den gängigen Besprechungen nicht findet. Man kann die Kleidermode, die Anstandsfloskeln, die Häufigkeit der Ich-Form oder die Anzahl bestimmter Wortarten im Vergleich mit einem zeitgenössischen Text untersuchen. Die Herausforderung für die Lernenden besteht darin, solche Gesichtspunkte zu finden. Zudem darf die Analyse und Interpretation den Umfang von drei A4-Seiten nicht überschreiten, keinerlei Referenzen auf weitere Quellen enthalten, kurz: Alle Überlegungen werden von den Lernenden selbst angestellt.

In seinem Buch »Das Google-Copy-Paste-Syndrom. Wie Netzplagiate Ausbildung und Wissen gefährden« beschreibt der Medienwissenschaftler Stefan Weber die Veränderungen unserer Wissenskultur durch Google, Wikipedia und weitere Informationsdienste. Dabei betont er, dass nicht Plagiate die wirklich große Gefahr darstellen, sondern dass die Copy-and-paste-Mentalität das Denken als solches zerstört. Gerade in der Schule (bis hin zur Hochschule) führt die einfache Möglichkeit, Textstücke aus Internetquellen zusammen zu kopieren, ohne sich vertieft mit einem Thema zu beschäftigen, zu einer »Textproduktion der Belanglosigkeit«. Vorgaben zur minimalen Länge eines Aufsatzes, eines Berichtes oder auch einer Dissertation fördern das schlichte Kompilieren und Neuordnen bestehenden Wissens und stellen somit Kreativitätskiller dar.

9

Informelles und selbstbestimmtes Lernen

Die Fähigkeit, in schulischen und außerschulischen Kontexten eigenverantwortlich zu lernen

»Die Halbwertszeit des Wissens wird immer kürzer, deshalb ist lebenslanges Lernen gefragt!« Dieses Motto ist uns allen vertraut und dagegen ist nichts einzuwenden. Nur: Jede Situation, in der wir uns befinden, kann letztlich eine Lernsituation sein. Die Forderung nach lebenslangem Lernen entkräftet sich selbst, weil es kaum Momente im Leben gibt, in denen man nicht ständig lernt. Das Leben an sich ist eine Lernsituation. Unser Augenmerk liegt deshalb auf dem informellen Lernen, also das Lernen außerhalb eines expliziten Schulkontextes, und auf dem selbstbestimmten Lernen.

Hinter dem Begriff »selbstbestimmtes Lernen« stehen das Bewusstsein und die Absicht, dass gelernt werden soll. Wir stellen uns dabei in der Regel vor, dass damit auch eine Lernumgebung verbunden ist. Mit einer Lernumgebung meinen wir, dass entweder didaktisch aufbereitete Lerninhalte (zum Beispiel in Form von Lehrmitteln) vorhanden sind oder dass die Lernenden Zugang zu Inhalten haben und in der Lage sind, diese selbst für das eigene Lernen aufzubereiten. Spätestens seit dem Aufkommen des Konstruktivismus als Bildungstheorie liegen Begriffe wie selbstbestimmtes Lernen, selbstorganisiertes oder autonomes Lernen im Trend. Selbstbestimmtes Lernen war aber immer Voraussetzung für erfolgreiches Lernen. Persönlichkeitsentwicklung kann nicht allein über die Vorgaben in einem Lehrplan und schon gar nicht durch das reine Vermitteln von Faktenwissen erfolgen. Persönlichkeitsentwicklung hat mit Haltungen zu tun. Eine dieser Haltungen ist Offenheit gegenüber Neuem und den Veränderungen in der Welt. Diese Weltorientierung ist nicht gleichzusetzen mit einer Mehrheitsorientierung, sondern mit dem Bemühen, laufende Entwicklungen kritisch zu hinterfragen, gedanklich verschiedene Blickwinkel einzunehmen und so zu versuchen, andere Sichtweisen als jene der breiten Masse einzunehmen. Auslöser von Innovationen sind meist Querdenker, die in ihrer Umgebung zuerst als mühsam wahrgenommen werden. Paradoxerweise ist es gerade in traditionellen Unternehmen für eine Karriere selten förderlich, wenn eine Person die Strategien und Vorgehensweisen eines Unternehmens kritisch hinterfragt und eigene kreative Ideen einbringt. Im Management führt der Weg nach oben allzu oft über geradliniges Denken, auch wenn genau diese Kultur dafür verantwortlich ist, dass Firmen wichtige Entwicklungen nicht oder zu spät erkennen.

In einer von digitalen Medien geprägten Welt hat selbstbestimmtes Lernen an Bedeutung gewonnen. Zum einen erfordern die weiterhin rasch aufeinanderfolgenden digitalen Entwicklungen von uns, dass wir aktiv neues Wissen und neue Fertigkeiten im Umgang mit digitalen Hilfsmitteln erwerben. Zum anderen unterstützt uns das große Wissensangebot im Internet auch beim zeit- und ortsunabhängigen Lernen. Oft lassen sich Probleme durch den Austausch mit anderen in Foren oder Interessengruppen im Netz lösen. Teilweise findet man durch die Vernetzung mit anderen auch bereits bestehende Lösungen. So werden etwa in der Softwareentwicklung immer mehr Programmbibliotheken oder Codesegmente nicht mehr selbst programmiert, sondern ausgetauscht und wiederverwendet. Zwei Hinweise unsererseits: Wie im ersten Kapitel ausgeführt, ist das große Informationsangebot allein nicht ausreichend. Voraussetzungen für den Lernprozess sind auch die Fähigkeit zur Reduktion der Informationsfülle und die Sprachkompetenz, um die Informationen überhaupt aufnehmen und weitergeben zu können.

Eng verknüpft mit dem selbstbestimmten Lernen, aber auch mit den Anforderungen und dem Potenzial der Informationsgesellschaft ist das informelle Lernen. Unter informellem Lernen verstehen wir jedes Lernen, das nicht in einem formalen Schulkontext erfolgt und das auch nicht als Lernsituation etikettiert wird. Während formelles Lernen auch stattfindet, wenn wir ein Sachbuch lesen oder einen Dokumentarfilm schauen, ist informelles Lernen ein Lernen in Alltagssituationen, beispielsweise Kindheitserfahrungen mit Gegenständen wie einer Herdplatte oder einem Bügeleisen, Erfahrungen mit Leistungsgrenzen beim Schwimmen oder mit Konzentrationsgrenzen beim Zuhören in einem intensiven Gespräch.

Wir alle sind vertraut mit informellem Lernen, sind uns dieses Prozesses aber oft gar nicht bewusst. In der Kindheit haben wir viel Alltägliches durch Ausprobieren, durch wiederholte Rückschläge bis hin zu schmerzhaften Erfahrungen gelernt. Informelles Lernen ist heute aber wichtiger als früher, weil die an uns gestellten Ansprüche vielseitiger geworden sind. So ist das Medienangebot riesig und dessen Verpackung oft verführerisch. Wir laufen deshalb Gefahr, Medien nur noch passiv zu konsumieren oder unbedacht einem Trend zu folgen. Seine eigenen Grenzen besser kennenzulernen und sich auch abgrenzen zu können, ist Teil des informellen Lernens. Will man sein Leben mitgestalten, muss man auch handelnd mit dem riesigen Angebot der Medien umgehen können. Wer in einem Prozess mitbestimmen will, braucht eine gewisse Autonomie. Sie offenbart sich einem Individuum und seiner Umgebung dadurch, dass sie genutzt werden kann und genutzt wird.

Die digitalen Technologien unterstützen Lernende mit hoher intrinsischer Motivation. Diese nutzen Wissensquellen im Netz und vernetzen sich mit anderen Lernenden. Wenig motivierte Lernende, die sich zudem mit der Nutzung der digitalen Wissensangebote schwertun, sind hingegen von den neuen und vielfältigen Formen des selbstbestimmten und informellen Lernens rasch überfordert. Diese Lernenden völlig sich selbst zu überlassen – was in der schulischen Praxis des selbst organisierten Lernens teilweise erfolgt –, ist nahezu fahrlässig. Auch Onlinekurse ohne direkten Kontakt mit Lehrpersonen eignen sich für diese Gruppe von Lernenden wenig. Sie sind weiter auf die extrinsische Motivation durch Lehrpersonen und den direkten Austausch mit anderen Lernenden angewiesen. Diese Erkenntnisse sind nicht neu und werden auch durch die von John Hattie in »Visible Learning« zusammengefassten umfangreichen Metastudien von Neuem belegt.

Was heißt das für die Schule?

Die klassischen Schulstrukturen, etwa der Unterricht im Klassenverband in einer Abfolge von Lektionen, tragen dem gesellschaftlichen und beruflichen Umfeld nur noch eingeschränkt Rechnung. Über kurz oder lang werden die Schulzimmer aufgehoben oder erhalten eine andere Funktion. Die Schule wird sich eher zu einer großen Mediothek entwickeln, mit individuellen Arbeitsplätzen und einer Betreuung durch Coaches. Außerschulische Lernorte und Ressourcen erweitern die Schule räumlich und zeitlich. Trotz oder gerade wegen der Auflösung klassischer Schulstrukturen wird die Schule aber weiterhin Vorgaben machen, eine Selektion der Lerninhalte vornehmen und, wo angebracht, die Lerninhalte auch didaktisch aufbereiten. Die Lernenden völlig sich selbst zu überlassen, würde einem naiven Menschenbild entsprechen – jenseits jeder pädagogischen Verantwortung – und gleichzeitig einen großen Effizienzverlust bedeuten. Eine gute Bildung stellt zwar die Lernenden in den Mittelpunkt, selektiert und strukturiert aber die Inhalte und macht diese für die Lernenden überschaubar und begreifbar.

Was den Umgang mit digitalen Medien betrifft, muss die Schule eine zusätzliche Aufgabe wahrnehmen. Um die digitalen Medien und Werkzeuge verstehen und auch nutzen zu können, müssen die Lernenden die Kompetenz erlangen, sich auch komplexere neue Anwendungen selbstständig anzueignen. Nur so können sie später im Privat- und Berufsleben die Medien produktiv nutzen. In diesem Zusammenhang ist von den Schulen ein Umdenken gefordert. Gerade die ältere Generation der Lehrpersonen wurde in einem Umfeld sozialisiert, in dem man Probleme zu analysieren versucht, um sie dann selbst zu lösen. Jüngere Generationen nutzen das Potenzial des Netzes, suchen Problemlösungen im Internet oder stellen die Probleme online zur Diskussion. In einem gewissen Sinn wird die Problemlösung ausgelagert und delegiert. In der Wahrnehmung des traditionellen Bildungssystems hat das Delegieren von Aufgaben einen schalen Beigeschmack. In einer vernetzten Welt stellt Lernen durch Delegieren aber eine durchaus nachhaltige und ressourcensparende Vorgehensweise dar.

Wie macht die Schule das?

Die Forderung nach vermehrter Förderung des informellen und selbstbestimmten Lernens bedeutet, dass die Schule den Lernenden mehr Freiraum einräumen sollte. Man könnte also einfach die Zahl der Pflichtstunden drastisch reduzieren und die Lernenden mehr in Projekten oder außerhalb der Schule arbeiten lassen. Dieser Gedanke greift aber zu kurz. Aufgabe der Schule und hier insbesondere der Lehrpersonen ist es, ausreichende Strukturen bereitzustellen, sodass sich die Lernenden orientieren können. Überlässt man den Lernenden die Wahl der Themen, mit denen sie sich auseinandersetzen sollten, und müssen sie auch noch die Lernziele selbst definieren, kommt das für die meisten Lernenden einer Überforderung gleich. Die Schule muss vielmehr ihre bestehenden Strukturen so anpassen, dass selbstbestimmtes Lernen vermehrt möglich wird. Ein erster Schritt kann auf der Ebene der Unterrichtsmethoden erfolgen. Projektunterricht, entdeckendes Lernen oder Werkstattunterricht bieten den Lernenden die Möglichkeit, vermehrt selbstständig aktiv zu werden. Die Verlegung eines Teils des Unterrichts an außerschulische Lernorte ist zwar noch nicht mit informellem Lernen gleichzusetzen, zeigt aber den Schülerinnen und Schülern, dass Lernen auch außerhalb der Schule stattfinden kann.

Die vielleicht wichtigste Maßnahme zur Förderung des selbstbestimmten Lernens dürfte sein, dass sich die Schule als Institution und die Lehrpersonen im Rahmen des Lernprozesses weniger wichtig nehmen und den Lernenden zutrauen, Lernprozesse selbst zu gestalten. Speziell für kreative Menschen ist es wichtig, dass sie ihre Denkweisen (zum Beispiel das Suchen nach Alternativen, das Einnehmen eines abweichenden oder gar konträren Standpunktes) pflegen können. Divergentes Denken braucht Zeit und Raum. Klassische Schulstrukturen und Leistungsbeurteilungen eignen sich für die »konventionellen« Lerner. Diese arbeiten gern mit vertrauten Schemata und in einem konventionellen Rahmen.

Was muss ich wissen und können?

Die Schulbildung ist auch heute noch gekennzeichnet durch Frage- und Problemstellungen, die auf eine bestimmte Antwort oder Lösung abzielen. Es ist zwar modern, von Kompetenzorientierung zu sprechen – der Titel dieses Buches folgt ebenfalls diesem Trend –, spätestens aber wenn überprüft werden soll, ob die Lernenden die notwendigen Kompetenzen in einem Fachgebiet erworben haben, erliegen wir schnell wieder der Versuchung, geschlossene Fragen zu stellen, die nur eine richtige Antwort zulassen. Der Schulstoff umfasst mehrheitlich klar bezeichnetes Wissen, das keine kontroversen oder wertenden Antworten zulässt. Damit bleiben die so hochgelobten Postulate wie Kompetenzorientierung, Lernen im Team, informelles und selbstbestimmtes Lernen auf der Strecke. Will eine Lehrperson das selbstbestimmte Lernen fördern, muss sie gezielt Fragestellungen und Probleme aufgreifen, die offen sind und nicht schon eine bestimmte Denkrichtung vorzeichnen. Ein solcher Unterricht verlangt Offenheit und den Mut, sich auf Neues und Unerwartetes einzulassen. In vielen Fällen braucht man zudem eine dicke Haut, um einen offenen Unterrichtsstil im Kollegium, gegenüber der Schulleitung oder den Eltern zu rechtfertigen. Offenem Unterricht haftet der Verdacht an, die Lehrperson habe sich nicht richtig vorbereitet. Das Gegenteil ist der Fall: Offener Unterricht bedingt eine hohe Fach- und Methodenkompetenz und eine gute Vorbereitung. Denkprozesse bei den Lernenden kann man nicht ad hoc in einer Lektion anstoßen.

Beispiele aus dem Unterricht

Informelles Lernen findet nicht in einem Schulkontext oder einer expliziten Lernsituation statt, sondern erfolgt eher zufällig und nicht planbar. Mit Absicht führen wir deshalb nachfolgend keine Beispiele an, wie im Unterricht informelles Lernen gefördert werden kann. Die Schule kann aber durchaus einen Beitrag zur vermehrten Nutzung informeller Lerngelegenheiten leisten, indem sie deren Bedeutung aufzeigt und den Lernenden genügend Freiraum lässt, damit informelles Lernen überhaupt stattfindet.

BEISPIEL 1 **Lebensqualität – geht es uns gut?**

Was versteht man unter Lebensqualität? Wie kann man verschiedene Regionen bezüglich ihrer Lebensqualität vergleichen und eventuell rangieren? In der Presse werden hierzu immer wieder Städterankings veröffentlicht. Wie kommen diese zustande und wie aussagekräftig sind sie? Die Lernenden erhalten den Auftrag, eine Liste von Indikatoren zu erstellen, die man zur Beurteilung der Lebensqualität einer Gemeinde oder Region heranziehen kann. Schnell werden erste Indikatoren zusammengetragen: Anzahl Ärzte pro 1000 Einwohner, Grünfläche, Einkaufsmöglichkeiten, Schulangebot, kulturelle Angebote, Steuerfuß usw. Diese Daten sollen nun für einige Gemeinden in der Region erhoben werden. Nach aufwendiger Recherche steht ein Ranking der Gemeinden und die Lernenden stellen fest, dass dieses Ranking nicht mit ihren eigenen Wahrnehmungen übereinstimmt. Diese Feststellung veranlasst die Lernenden, die Liste der Indikatoren zu überdenken. Sie überlegen sich Argumente, warum sie in der Gemeinde mit der vermeintlich höchsten Lebensqualität trotzdem nicht wohnen möchten. Mithilfe dieses Hinterfragens durch Verneinung werden weitere Indikatoren in die Liste aufgenommen. Zusätzlich befragen die Lernenden auf der Straße Passanten, welche Kriterien sie für wichtig halten und welche Gemeinden in ihrer Einschätzung eine hohe Lebensqualität aufweisen. Die Ergebnisse dieser Umfrage fließen in die Überarbeitung der Indikatorenliste ein und führen zu einem neuen Ranking, das wiederum intensiv diskutiert wird.

Das Beispiel zeigt verschiedene Facetten auf, die für selbstbestimmtes Lernen typisch sind. Zwar ist ein grobes Ziel vorgegeben, aber der Verlauf des Lernprozesses beeinflusst sukzessive die Planung der nächsten Schritte. Ein großer Teil des Lernens findet zudem an außerschulischen Lernorten statt und externe Impulse – im Beispiel die Befragung von Passanten – müssen mitberücksichtigt werden. Methoden wie das Brainstorming, das aktive Zuhören und Nachfragen oder das Hinterfragen durch Verneinung unterstützen das selbstbestimmte Lernen. Die Fragestellung im Beispiel ist offen gewählt, es gibt nicht die richtige Antwort, was im selbstbestimmten Lernen erwünscht ist.

BEISPIEL 2   **Lineare Gleichungssysteme lösen**

Im Mathematikunterricht beschränkt man sich bei der Behandlung linearer Gleichungssysteme meist auf wenige Gleichungen mit wenigen Unbekannten. Für diese Fälle gibt es einfache Lösungsverfahren, die die Lernenden rezeptartig anwenden können. Diese Verfahren versagen aber in realen Problemstellungen und vermitteln den Lernenden ein falsches Bild. Der Mathematiklehrer wählt einen anderen, offenen Zugang. Er hat eine Reihe von anwendungsorientierten Problemen zusammengestellt, die auf lineare Gleichungssysteme führen. Im Unterricht zeigt er verschiedene Lösungsverfahren (Algorithmen). Anschließend erhalten die Lernenden den Auftrag, die verschiedenen Lösungsverfahren auf ihre Eignung in den anwendungsorientierten Problemstellungen hin zu prüfen und zu beurteilen. Die Lernenden tragen eine Liste von möglichen Kriterien zusammen: Rechengeschwindigkeit, Rechengenauigkeit, Anfälligkeit auf Rundungsfehler, Eignung für sehr große Gleichungssysteme, benötigter Speicherplatz usw.

Dieses Beispiel zeigt eine offene Lernsituation. Nicht die Lösung einer konkreten Mathematikaufgabe ist das primäre Ziel, sondern das Kennenlernen und Gewichten verschiedener Lösungsverfahren. Die Aufgabe ist deutlich anspruchsvoller als das mechanische Lösen von Aufgaben und die Beurteilungskriterien können nicht eindeutig formuliert werden. Das beschriebene Vorgehen ist nicht spezifisch auf den Mathematikunterricht ausgerichtet. Anstatt dass die Lernenden die Aufgabe erhalten, einen literarischen Text zu interpretieren, stellt man ihnen verschiedene Interpretationen zur Verfügung. Aufgabe der Lernenden ist es dann, diese zu vergleichen, zu beurteilen und gegeneinander abzuwägen. Eine anspruchsvolle Aufgabe, die deutlich höhere kognitive Taxonomiestufen abdeckt.

Bei beiden Beispielen ist eine Fortsetzung möglich. Die Lernenden könnten für zukünftige ähnlich gelagerte Aufträge ein Raster herstellen, um – wie im ersten Beispiel – die Lebensqualität einer Gemeinde zu beurteilen oder – wie im zweiten Beispiel – verschiedene Lösungsverfahren oder Textinterpretationen zu bewerten.

Virtuelle Zusammenarbeit

Die Fähigkeit, ortsunabhängig in einem
Team zusammenzuarbeiten

Gezielte Kommunikation und Kooperation sind heute sowohl in der Arbeitswelt als auch im Privatleben von großer Bedeutung. Die digitalen Medien stellen hier neue Formen zur Verfügung, verbunden mit neuen Herausforderungen. So spielen Gemeinschaften, deren Mitglieder räumlich verteilt sind, beim Erstellen und Verbreiten von Informationen, aber auch von Produkten eine immer wichtigere Rolle. Die Digitalisierung hat zu neuen Formen der Zusammenarbeit unter Personen geführt und zu neuen Formen beim Austausch von Gütern. In der Buch- und Industriegesellschaft erfolgte der Austausch von Informationen und Gütern mehrheitlich in sequenzieller Form und durch den Austausch von physisch gebundenen Objekten. Betrachten wir als Beispiel die Zusammenarbeit beim Erstellen eines Jahresberichtes eines nationalen Verbandes unter Zuhilfenahme der Briefpost. In der Regel verfasste eine Person einen Text und verschickte diesen an eine begrenzte Anzahl Personen. Diese konnten auf den Entwurf des Jahresberichtes reagieren, Ergänzungen und Korrekturen anbringen und das Resultat erneut per Briefpost an alle Beteiligten weiterleiten. Heute erfolgt dieser Prozess über eine gemeinsame Arbeitsplattform. Das Dokument wird im Netz abgelegt. Alle Beteiligten erhalten Zugang und können den Jahresbericht miteinander erstellen.

In der ersten Phase des Internetzeitalters haben sich viele Anwendungen verständlicherweise an den traditionellen Methoden orientiert. Zwar wurde die Briefpost im Geschäftsumfeld zu einem großen Teil durch E-Mail abgelöst. Der E-Mail-Verkehr zeichnet sich aber weiterhin durch das Schreiben einer Nachricht, das Anhängen allfälliger weiterer Dateien und das Verschicken der Nachricht an die

Adressaten aus. Von den digitalen Möglichkeiten nutzt man lediglich die Geschwindigkeit und den Umstand, dass die Versandkosten entfallen.

Das Internet hat auch den Austausch von Gütern verändert: Onlineshops erlauben es den Kunden, ihre Bestellungen von zu Hause aus zu tätigen und die Angebote und Preise verschiedener Händler zu vergleichen. Die bestellte Ware wird grundsätzlich aber wie früher von einem Ort zum anderen transportiert. Erst im 21. Jahrhundert, mit dem Aufkommen verschiedener Dienste im Web 2.0, hat eine Entwicklung begonnen, die das Potenzial der Digitalisierung für die Zusammenarbeit und den Austausch von Waren wirklich nutzt. Die Digitalisierung, in Kombination mit der Automatisierung, hat zwei neue Möglichkeiten mit sich gebracht: Erstens lassen sich Daten sehr einfach und kostengünstig kopieren. Diese Möglichkeit bezieht sich dabei nicht nur auf Texte, sondern auch auf Bilder, Musik, Film und weitere Formate. Die Musik- und die Filmindustrie können davon ein Lied singen und auch die Buchbranche wird über kurz oder lang mit den Auswirkungen des einfachen Kopierens konfrontiert werden. Zweitens lassen sich digitale Daten auch sehr einfach, schnell und kostengünstig an viele Empfänger übermitteln.

Das einfache Erstellen digitaler Kopien und der schnelle, kostengünstige Versand an sehr viele Adressaten haben weitreichende Auswirkungen. Im Handel mit Waren sind neue Geschäftsmodelle entstanden. Sehr eindrücklich zeigt sich das im Bereich der Musik- und Filmindustrie. Wurden früher Musik und Filme an einen physischen Träger gebunden (zum Beispiel Schallplatte, Kassette, DVD), der vom Händler an den Kunden übergeben wurde, entfällt dieser Austausch physischer Objekte heute praktisch vollständig. Der Musikliebhaber erwirbt sich nur noch ein Nutzungsrecht und hört die Musik über einen Streaming-Kanal direkt über das Internet. Das Musikstück selbst bleibt im Internet auf einem der vielen Server in der Cloud. Anfänglich taten sich viele Kunden mit dieser Entwicklung schwer. Gerade die ältere Generation ist oft noch in einem Denkmuster verhaftet, in dem der Besitz einer Ware an eine physische Form gebunden ist.

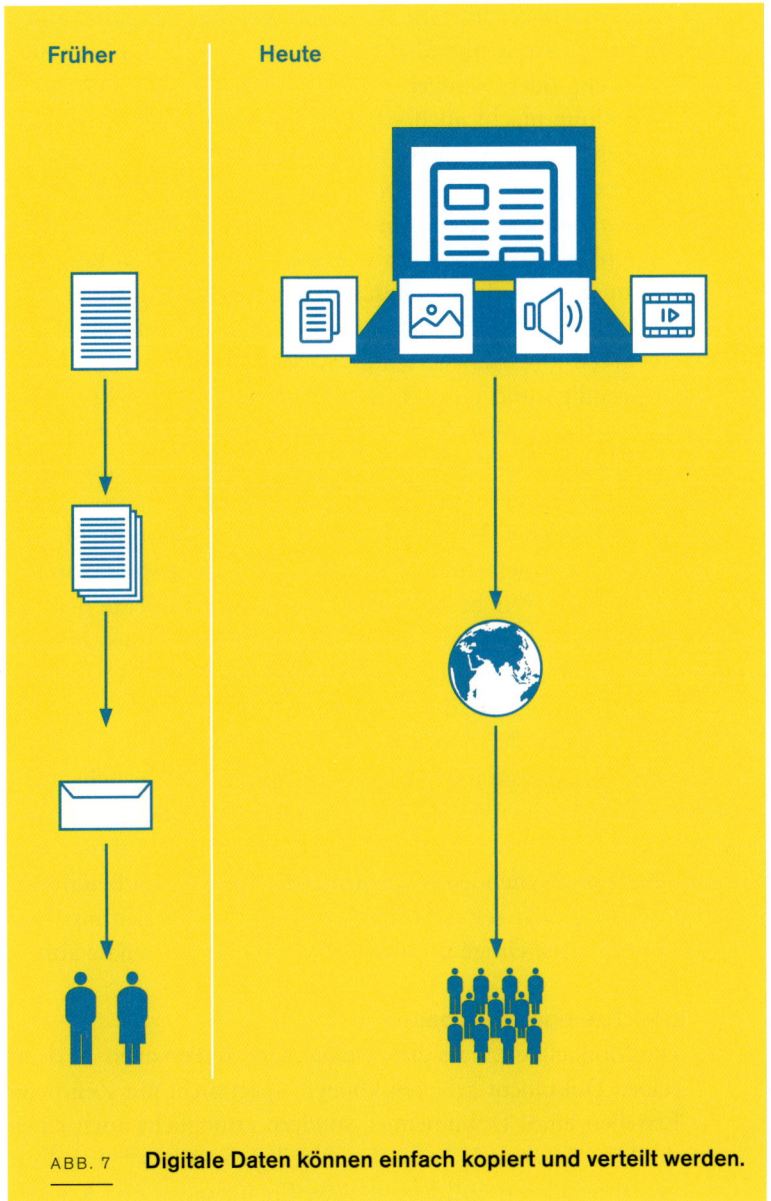

Früher

Heute

ABB. 7   **Digitale Daten können einfach kopiert und verteilt werden.**

Die Entmaterialisierung von Text, Bild und Ton hat ganze Branchen verändert. Zwischenhändler wie Musik- und Videoshops sind inzwischen mehr oder weniger von der Bildfläche verschwunden. Diese Entwicklung macht auch vor klassischen Produkten, die weiterhin physisch und dreidimensional benötigt werden, nicht Halt. So ermöglicht es heute der 3-D-Druck, Ersatzteile für Küchengeräte nicht mehr physisch zu liefern. Ausgeliefert oder angeboten wird nur noch der Bauplan des Ersatzteiles in Form einer digitalen Beschreibung. Der Kunde lädt sich diese Beschreibung »on-demand« herunter und druckt das benötigte Ersatzteil vor Ort gleich bei sich zu Hause oder in einem dafür spezialisierten Copy-&-Print-Shop um die Ecke. Der zeitaufwendige und teure Transport physischer Objekte sowie die Lagerhaltung entfallen bei dieser Vorgehensweise. Der bisherige »Consumer« wird zum »Prosumer«, also selbst Teil des Produktionsprozesses.

Die tief greifenden Veränderungen der zwischenmenschlichen Kommunikationsformen und der Produktionsprozesse erfordern neue Kompetenzen. Wir beschränken uns hier auf Aspekte der virtuellen Zusammenarbeit und illustrieren diese am einfachen Beispiel des gemeinsamen Erstellens eines Textdokumentes. Die Ausführungen gelten aber analog für die meisten übrigen Medienformate. Erstellen heute mehrere Personen, die an verschiedenen Orten wohnen oder arbeiten, gemeinsam einen Text, so wird der Text nicht mehr asynchron erst von einer Person bearbeitet, dann der nächsten Person geschickt, von dieser bearbeitet usw. Der Text wird zentral im Internet auf einer entsprechenden Plattform abgelegt und alle Beteiligten haben gleichzeitig oder zeitverschoben Zugang zur Bearbeitung. Diese Arbeitsweise weist einige neue charakteristische Merkmale auf:

Gleichzeitiges Bearbeiten

Die Möglichkeit, dass gleichzeitig mehrere Personen an demselben Dokument arbeiten können, spart nicht nur Zeit beim Erstellen eines Dokumentes, sondern ermöglicht auch einen direkten Austausch unter den Beteiligten. Alle sehen sofort, was die anderen an Ideen, Kritik, Ergänzungen und Korrek-

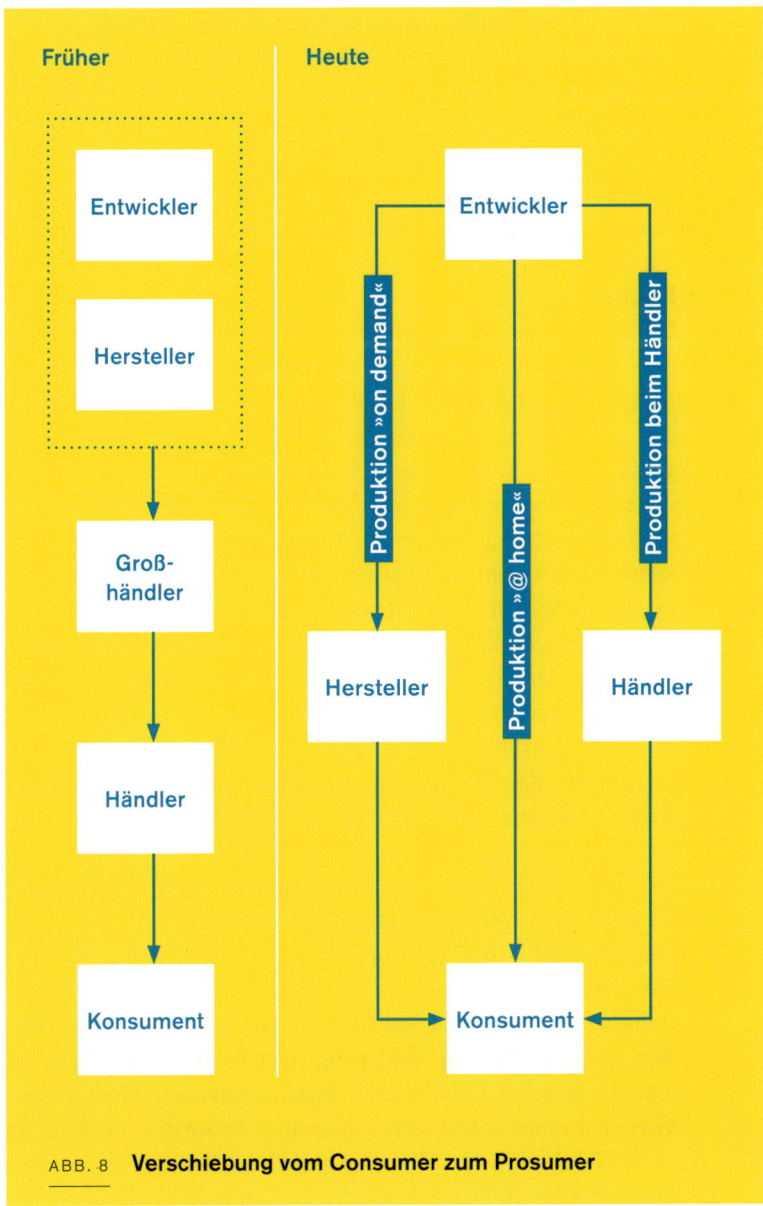

ABB. 8 **Verschiebung vom Consumer zum Prosumer**

turen einbringen. Bei Bedarf kann auch ein Chat oder ein Internet-Telefondienst zugeschaltet werden. Dabei können auch sehr einfach Bilder, Planskizzen und weitere Dokumente ausgetauscht oder der Bildschirm eines Teilnehmers direkt den anderen angezeigt werden. Diese synchrone Kommunikation ist insbesondere dann wertvoll, wenn es um die Klärung von Grundsatzfragen oder um strittige Punkte geht.

Flache Hierarchien

Bei dieser Form der virtuellen Zusammenarbeit sind alle Beteiligten gleichberechtigt, zumindest was die technischen Möglichkeiten betrifft. Gegenüber herkömmlichen Formen der Zusammenarbeit kommen hierarchische Denkmuster weniger stark zum Tragen. Gerade wenn es um kreative Tätigkeiten geht, ist es wichtig, dass sich auch die »Untergebenen« gut einbringen können. Wirklich funktionieren kann die virtuelle Zusammenarbeit nur bei gegenseitigem Vertrauen und Respekt. Das Äußern von Kritik in digitaler Form führt erfahrungsgemäß schneller zu Missverständnissen und Spannungen als ein direktes Gespräch. Emotionen zeigen sich nicht im Gesichtsausdruck, der Stimmlage oder der Gestik. Eine erfolgreiche virtuelle Zusammenarbeit setzt eine hohe Sozialkompetenz aller Beteiligten voraus. Wir empfehlen, dass man sich in der Anfangsphase einer Zusammenarbeit persönlich begegnet und ein paar Absprachen trifft.

Versionskontrolle und Nachvollziehbarkeit

Die meisten Plattformen zur Unterstützung virtueller Zusammenarbeit verfügen über eine Versionskontrolle. Der Entstehungsprozess kann schrittweise nachvollzogen werden: Wer hat wann welche Änderung oder welche Ergänzung gemacht? Wer hat noch keinen Beitrag geleistet? Neben allen Vorteilen eines solchen transparenten Prozesses lauern aber auch Gefahren, etwa dass die einzelnen Beiträge nach ihrer Quantität beurteilt werden oder Beteiligte ihre Mitarbeit auf

Eis legen, weil sie den Eindruck haben, andere würden zu wenig beitragen. Gefragt ist eine funktionierende Gesprächskultur.

Zeitersparnis und Zeitstress

Die Möglichkeit, in sehr kurzer Zeit über verschiedene, auch weit voneinander entfernte Orte hinweg gemeinsam einen Text zu erstellen, bringt eine große Zeitersparnis mit sich. Man läuft aber gleichzeitig Gefahr, sich durch die rasche Entstehung zeitlich unter Druck gesetzt zu fühlen. Nicht nur die eigene Lebens- oder Arbeitsqualität, sondern auch die Qualität des gemeinsam erstellten Dokuments kann darunter leiden. Unter Zeitstress neigt man dazu, sich schneller einer vorherrschenden Meinung anzuschließen und weniger eigene Gedanken einzubringen. Hier ist eine Entschleunigungskompetenz gefragt. Wir müssen lernen, unsere Arbeit und unser Leben nicht von den digitalen Medien bestimmen zu lassen, sondern zu entscheiden, wann und wie wir die digitalen Werkzeuge nutzen.

Begünstigung additiver Entstehungsprozesse

Ein gutes Beispiel für additives Arbeiten ist die Wikipedia. Nur wenige Autorinnen und Autoren trauen es sich zu, gleich einen ganzen Artikel zu verfassen. Zu einzelnen Teilen einen Beitrag zu leisten, Daten zu ergänzen oder zu aktualisieren, ist hingegen vielen möglich. Auch in Blogs und Diskussionsforen kann jeder ohne großen Aufwand Beiträge verfassen, kommentieren oder kritisieren.

Was heißt das für die Schule?

Früher war die Schule stark auf die Wissensvermittlung ausgerichtet. Teamarbeit stand nicht im Vordergrund und wenn, dann im Rahmen von Unterrichtsformen wie Gruppenarbeit oder Projektunterricht.

Leistungsbeurteilungen finden auch heute noch in aller Regel in Form von Prüfungen statt, bei denen die Schülerinnen und Schüler einzeln beurteilt werden. Die in der Schule geprüften Kompetenzen kontrastieren mit den Kompetenzen, die in der Informationsgesellschaft gefragt sind. Der 2012 erschienene OECD-Bericht »Preparing Teachers and Developing School Leaders for the 21st Century« beschreibt die resultierende Herausforderung für Lehrpersonen:

> »Das vielleicht schwierigste Dilemma für heutige Lehrer ist, dass die kognitiven Routine-Kenntnisse und Fähigkeiten, die am einfachsten zu lehren und zu testen sind, gleichzeitig auch am leichtesten digitalisiert, automatisiert und ausgelagert werden können. [...] Je mehr die Welt von wechselseitiger Abhängigkeit geprägt ist, desto wichtiger werden die Fähigkeiten der Individuen zu kollaborieren und sich untereinander abzustimmen.«
>
> Seite 11, Übersetzung

Um in der Arbeitswelt und im gesellschaftlichen Umfeld bestehen zu können, muss man die modernen Mittel der Kommunikation und Kooperation beherrschen und diese für die Erreichung gemeinsamer Ziele nutzen können. Die Schule muss die Fähigkeit, in einem Team zu arbeiten, dessen Mitglieder sich nicht im gleichen Raum befinden, gezielt fördern. Die Wände des Schulhauses dürfen nicht länger die Grenzen des Lernraums bilden, Vernetzungen mit Personen außerhalb der Schule sollten gesucht und gepflegt werden. Kollaborative Arbeitsformen werden an konkreten Themen vermittelt, geübt und evaluiert. Diese Fähigkeiten fließen in die Leistungsbeurteilung ein. Hier zeigt sich eine Diskrepanz zwischen den Anforderungen an ein modernes Bildungssystem und dem Trend, die Schulen durch übergreifende einheitliche Bildungsstandards und Leistungstests zu harmonisieren. Die Kompetenz, in einem Team arbeiten zu können, kann nicht in einem herkömmlichen Leistungstest und schon gar nicht mit geschlossenen Fragestellungen (zum Beispiel Multiple Choice) geprüft werden. Das Zusammenarbeiten ist ein dynamischer

Prozess über einen längeren Zeitraum, bei dem sowohl der Weg als auch die Zielerreichung von Bedeutung sind.

Wie macht die Schule das?

Um die Herausforderung der stärkeren Förderung der kollaborativen Zusammenarbeit anzunehmen, braucht es zuerst eine Haltungsänderung. Lehrpersonen und Lernende sollten sich weniger als Einzelkämpfer und mehr als Teamplayer verstehen. Die Beurteilung von Leistungen darf sich nicht mehr nur auf die Leistung einer einzelnen Person beziehen. Als Nächstes müssen die Lehrpersonen selbst die Chancen und auch die Fallstricke bei virtuellen Formen der Zusammenarbeit kennenlernen. Dieser Prozess kann innerhalb der Schule dadurch beginnen, dass Dokumente konsequent gemeinsam erstellt und in einer zentralen Datenablage zur Verfügung gestellt werden. Diese Dokumente können rein administrativer Art sein, aber auch aus Unterrichtsmaterialien bis hin zu Prüfungen bestehen. Geteiltes, gemeinsames Wissen ist heute ein Erfolgsfaktor von Unternehmen und auch für Schulen führt kein Weg mehr daran vorbei. Lehrpersonen sollten einen Einblick in die Entwicklungen und in die Arbeitsweise der Wirtschaft erhalten. Die von der Digitalisierung getriebenen Umwälzungen schreiten sonst losgelöst von der Schule voran. Ohne eine enge Verzahnung von Schule und Wirtschaft kann die Schule kaum in Anspruch nehmen, zeitgemäß auszubilden. Der Austausch zwischen Schule und Realität kann auf verschiedene Arten erfolgen. Betriebsbesichtigungen erlauben zumindest einen Einblick. Freistellungen von Lehrpersonen, verbunden mit einem mehrmonatigen Praktikum in Betrieben, lassen Lehrpersonen die neuen Arbeitsweisen hautnah erleben und sie können ihre Erfahrungen als Multiplikatoren in die Schule zurücktragen. Auch die Wirtschaft profitiert von einem engeren Austausch, denn die Schülerinnen und Schüler werden besser auf die Arbeitswelt vorbereitet. Solche Modelle gibt es bereits in einzelnen Intensivfortbildungsprogrammen für Lehrpersonen, sie sollten aber auf breiter Front etabliert werden.

Was muss ich wissen und können?

Mit der virtuellen Zusammenarbeit über digitale Plattformen betreten viele Lehrpersonen Neuland. Die Lernenden übergeben ihre Aufsätze oder andere Arbeiten nicht mehr wirklich der Lehrperson. Die Arbeiten liegen irgendwo auf einer Austauschplattform und die Lehrperson erhält Zugang. Auf den ersten Blick scheint damit ein Kontrollverlust verbunden zu sein. Bei näherem Hinsehen zeigt sich jedoch nur der Wandel von einem eher lehrerzentrierten zu einem schülerzentrierten Unterricht. Die Lernenden übernehmen mehr Verantwortung. Gerade bei umfangreicheren und längerfristigen Arbeiten wird der Austausch zwischen den Lernenden und den betreuenden Lehrpersonen dynamischer. Zu Lernportfolios zum Beispiel kann die Lehrperson laufend Rückmeldungen geben und bei Projektarbeiten muss nicht das Endprodukt abgewartet werden.

Wollen Lehrerinnen und Lehrer im Unterricht Formen der virtuellen Zusammenarbeit nutzen, müssen sie selbst die computergestützten Werkzeuge kennen und im eigenen Alltag einsetzen. Nur so können sie die zugrunde liegenden Prinzipien und die damit verbundenen Vorteile identifizieren und didaktisch aufbereiten. Zwar ist die virtuelle Zusammenarbeit nicht in jedem Fall die richtige Methode. Im Unterricht gilt es neben den Vorteilen auch Problemfelder aufzuzeigen. Am besten geschieht dies an konkreten Unterrichtsszenarien im eigenen Fachbereich.

Beispiele aus dem Unterricht

BEISPIEL 1 **So leben wir, so kaufen wir ein**

Eine Schulklasse aus Paderborn und eine Schulklasse aus Orlando setzen sich über die räumliche und zeitliche Distanz hinweg mit ihrem Lebensumfeld auseinander. Wie wohnen wir? Wie arbeiten wir? Wie sehen unsere Schulen aus, wie unsere Krankenhäuser? Wie, wo und wann kaufen wir ein?

Das sind nur einige der Aspekte, die zur Sprache kommen sollen. Die Lernenden, die sich mit dem Einkaufsverhalten vor Ort beschäftigen, beschließen, ihre Ergebnisse in einer gemeinsamen multimedialen Präsentation zusammenzutragen. In einem Chat wird die Struktur der Präsentation diskutiert und ein Raster festgelegt. Welche Facetten des Einkaufsverhaltens sollen betrachtet werden und wie sollen diese präsentiert werden? Anschließend wird auf einer Kooperationsplattform die Vorlage für die Präsentation erstellt. Der Aufbau der Präsentation in Form des Vergleichs Paderborn/Orlando führt dazu, dass die Schülerinnen und Schüler aus Paderborn zu dem Punkt »Öffnungszeiten« zuerst ihre Erkenntnisse eintragen. Die Lernenden in Orlando erhalten so ein Muster für ihre Recherchen. In Orlando wiederum werden Passanten auf der Straße befragt und die Interviews als kurze Filmbeiträge in die Präsentation eingebunden. Der Einfachheit und Einheitlichkeit halber beschließt die Gruppe, dass alle Filmbeiträge zentral in Orlando bearbeitet werden. Während des Arbeitsprozesses kommt es laufend zu weiteren Anpassungen des ursprünglichen Konzepts, Arbeiten werden neu aufgeteilt und vor Ort vorhandenes Expertenwissen gezielt genutzt.

Im Schulalltag, speziell im Präsenzunterricht, ergeben sich nicht so leicht Gelegenheiten für eine virtuelle Zusammenarbeit. Das im Beispiel geschilderte Szenario dürfte eher zu den Ausnahmen gehören. Gemeinsame Arbeit setzt ein gemeinsames Ziel voraus und dieses entsteht nur bedingt im virtuellen Raum. Das Ziel der Schule ist auch nicht das Herstellen eines Produktes oder eines Medienbeitrages, sondern besteht darin, dass der Lernprozess besprochen, analysiert und dokumentiert werden kann. Zudem sind die kulturellen Unterschiede zwischen den Bildungssystemen in verschiedenen Ländern oft zu groß, als dass eine Zusammenarbeit möglich wäre. Gute Gelegenheiten zur virtuellen Zusammenarbeit setzen deshalb bestehende persönliche Kontakte der beteiligten Lehrpersonen voraus. Gelingt es aber, wie im Beispiel geschildert, eine virtuelle Interessengemeinschaft zu bilden, profitieren sowohl die Lernenden als auch die beteiligten Lehrpersonen. Gefördert werden Sozial- und Sprachkompetenzen sowie die technischen Fertigkeiten bei der Nutzung von Kooperationsplattformen. Der Blick über den eigenen Gartenzaun fördert das interkulturelle Verständnis und erweitert den eigenen Horizont. Das Sprichwort »Wenn einer eine Reise tut, so kann er was erzählen« gilt auch im virtuellen Raum.

BEISPIEL 2 **Wikipedia-Artikel ergänzen**

Die Artikel in der Wikipedia zu den Gemeinden im Kanton Glarus (Schweiz) sind noch nicht sehr ausführlich. Im Deutschunterricht am Gymnasium in Glarus beschließt die Lehrerin zusammen mit einer Klasse, die Einträge sukzessive zu ergänzen. In einem ersten Schritt werden Artikel zu anderen Gemeinden analysiert und die wichtigen Bestandteile eines guten Gemeindeporträts festgehalten. Dann werden die Richtlinien im Autorenportal der Wikipedia studiert. Worauf muss man beim Ergänzen von Artikeln oder beim Hochladen neuer Bilder achten? Welche Rechtschreibregeln gelten? Nach diesen Vorabklärungen werden auf einer gemeinsamen Plattform die zu bearbeitenden Wikipedia-Artikel abgelegt und mit den vorgesehenen Ergänzungen erweitert. Bevor die Änderungen in die betreffenden Artikel der Wikipedia übernommen werden, begutachten und korrigieren die Schülerinnen und Schüler gegenseitig die Texte und Bilder. Auch die Lehrerin wirft einen kritischen Blick auf die Artikel. Schließlich wartet man gespannt, wie die Wikipedia-Gemeinschaft auf die Ergänzungen reagiert. Als irrelevant eingestufte Informationen, die gleich wieder gelöscht werden, sprachliche Korrekturen und gegebenenfalls ausgelöste Diskussionen auf der Diskussionsseite eines Artikels werden im Unterricht analysiert und diskutiert.

Die Online-Enzyklopädie Wikipedia ist eine Erfolgsstory sondergleichen. Der Schlüssel zum Erfolg der Wikipedia liegt in der Nutzung einer gemeinsamen Wiki-Plattform, in flachen Hierarchien und damit in der Motivation einzelner Personen, zum Projekt in irgendeiner Form einen Beitrag zu leisten. So kann man als Autorin den Grundstein für einen neuen Artikel legen oder auch einen bestehenden Artikel ergänzen oder aktualisieren. Beim Ergänzen bestehender Wikipedia-Artikel lernen die Schülerinnen und Schüler, sich in eine große virtuelle Gemeinschaft einzubinden, in der sich über die Jahre hinweg klare Verhaltensregeln etabliert haben und hohe Qualitätsansprüche gelten. Wählt man Artikel mit einem stark regionalen Bezug, haben die Lernenden aufgrund ihrer Kenntnisse oder Recherchen vor Ort eine echte Chance, einen substanziellen Beitrag zur Wikipedia zu leisten. Allerdings müssen sie mit relativ harschen Rückmeldungen rechnen, falls die sprachlichen Formulierungen nicht sorgfältig und den Vorgaben entsprechend gewählt wurden. Der Umgang mit solcher Kritik kann lehrreich und gleichzeitig motivierend sein. Als Schüler verlässt man die »geschützte Werkstatt Schule« und ist plötzlich mit der realen, nicht immer einfachen Wirklichkeit konfrontiert.

BEISPIEL 3 **Zentrale Ablage aller Unterrichtsmaterialien**

Die angehenden Köchinnen und Köche besuchen die Schule für Gastronomieberufe nur an einem Tag in der Woche und in drei einwöchigen Blöcken pro Jahr. Seit Längerem nutzt die Schule deshalb eine Lernplattform zur Verwaltung und zum Austausch von Unterrichtsmaterialien. Daneben werden aber auch weiterhin Lehrmittel in Buchform genutzt. In einigen Fächern müssen die Lernenden ihre Arbeitsergebnisse auf Papier abgeben. Dieser Medienbruch wird von den Lernenden als mühsam kritisiert und die Schule beschließt, wo immer dies möglich ist, nur noch digitale Kommunikations- und Kooperationsformen zu nutzen. So führen die Lernenden ihre Lerntagebücher nur noch in Form von elektronischen Portfolios und auch die Lehrpersonen geben digital Rückmeldungen. Anmerkungen zu Arbeiten können direkt in die Dokumente eingefügt werden, teilweise auch in Form von kurzen Audiofeedbacks. Zu im Voraus bestimmten Zeitpunkten stehen die Lehrpersonen in einem Chat für Fragen und Auskünfte zur Verfügung. Eine gemeinsame Plattform vereinfacht die Arbeit an gemeinsamen Aufträgen.

Die zentrale Verwaltung von elektronischen Unterrichtsmaterialien auf einer Lernplattform oder einer Dokumentenablage ist verbreitet und bringt insbesondere einen organisatorischen Mehrwert mit sich. Lernende, die im Unterricht fehlten, haben Zugang zu den begleitenden Unterrichtsmaterialien. Häufig beschränken sich diese Materialien auf die von den Lehrpersonen bereitgestellten Arbeitsblätter, Skripte oder Präsentationen. Und nicht selten werden den Lernenden nur Leserechte eingeräumt, die klare Hierarchie zwischen Lehrenden und Lernenden wird beibehalten. Hier ist mehr Offenheit angesagt: Dokumente sollten nicht mehr a priori als statische Objekte betrachtet werden, sondern von allen Beteiligten bearbeitet und weiterentwickelt werden können. Die Lernenden sollten ihre eigenen Arbeiten, zum Beispiel ein Lerntagebuch, ebenfalls auf der zentralen Austauschplattform ablegen und verwalten. Auch Rückmeldungen der Lehrpersonen sollten, wo angezeigt, digital über die verwendete Plattform erfolgen. Medienbrüche, also das Streuen von zusammenhängenden Unterlagen auf verschiedenen Plattformen und in mehreren Medienformaten, insbesondere teils auf gedruckte und teils auf digitale Dokumente, sind einer effizienten Zusammenarbeit abträglich. Als positiver Nebeneffekt spart die Schule Kosten für das Drucken und Kopieren von Unterlagen.

BEISPIEL 4 **Die gute Stellenbewerbung**

Stellenbewerbungen werden heute überwiegend in elektronischer Form eingereicht. Gegenüber einem Bewerbungsdossier in Papierform gilt es neue Regeln zu beachten und die multimedialen Möglichkeiten zu nutzen. So kann bei der digitalen Bewerbung ein Onlinedossier erstellt werden, das umfassend Auskunft über die eigene Person gibt. In der Bewerbungs-E-Mail wird nur noch kurz ausgeführt, warum man sich auf die Stelle bewirbt. Alle weiteren Informationen finden sich im Onlinedossier.

Im Unterricht an der Berufsfachschule erstellen alle Lernenden ein eigenes Online-Porträt. Die Lehrerin gibt auf einer Plattform ein grobes Raster vor, das die wichtigsten Punkte einer Stellenbewerbung enthält. Den Lernenden fällt das Schreiben ihrer Texte nicht leicht. Verständlich geschriebene Texte auf einer Webseite müssen kurz und prägnant formuliert sein. Fehler sind keine erlaubt und auch Bilder müssen gewissen technischen Anforderungen (zum Beispiel Auflösung, Bildgröße) genügen. Die Onlineporträts werden deshalb gegenseitig begutachtet, kommentiert und korrigiert. In einem letzten Durchgang werden auch die Eltern und Lehrbetriebe dazu eingeladen, zu den Onlineporträts Rückmeldungen zu geben.

Stellenbewerbungen sind nur eines von mehreren Beispielen für Produkte, deren Qualität durch gegenseitiges Feedback verbessert werden kann. Man kann sich vorstellen, dass die Lernenden Probevorträge auf Video aufzeichnen und durch andere Lernende vorab kommentieren lassen. Für ein gegenseitiges Feedback eignen sich zudem Übersetzungen von Texten in andere Sprachen, kurze Fachartikel, Präsentationsfolien, Protokolle, Budgetplanungen und viele weitere Gegenstände. Virtuelle Plattformen vereinfachen den Feedbackprozess und führen in der Regel zu mehr und differenzierteren Rückmeldungen. Im Beispiel der Stellenbewerbung kommt dazu, dass eine angesprochene Firma die Unterlagen eines Stellenbewerbers sehr einfach intern kommunizieren kann und die Unterlagen durch den Bewerber selbst laufend aktualisiert werden können.

BEISPIEL 5 **Welche Form der Zusammenarbeit soll es sein?**

Bei der Wahl der passenden Form der Zusammenarbeit spielen verschiedene Faktoren eine Rolle. Im Unterricht lässt die Lehrerin die Klasse in Gruppen an unterschiedlichen Aufträgen einige Arbeitsweisen (zum Beispiel Brainstorming, Verfassen eines Textes, Korrigieren eines Textes, Erstellen einer Präsentation) testen und vergleichen. Welche Vorteile und Nachteile hat es, wenn die Gruppe am runden Tisch zusammensitzt und alle miteinander gleichzeitig die gestellte Aufgabe bearbeiten? Wie wird die Arbeitsatmosphäre eingeschätzt, wenn die Beteiligten sich nicht am gleichen Ort aufhalten und beispielsweise mithilfe einer Dokumentenplattform und eines Chats oder einer Sprechverbindung gleichzeitig arbeiten? Fallen die Beiträge der Einzelnen differenzierter aus, wenn man zeitversetzt und an verschiedenen Orten ohne Zeit- und Gruppendruck arbeitet, oder leidet dann die Effizienz zu stark? Die Lernenden sammeln ihre Erfahrungen, geordnet nach verschiedenen Tätigkeiten und Kooperationsformen, in einer Tabelle.

In diesem Beispiel geht es nicht um das gemeinsame Erstellen eines Produktes, vielmehr prüfen die Lernenden mögliche Formen der Zusammenarbeit. In der Arbeitswelt werden virtuelle Formen der Zusammenarbeit immer wichtiger, nicht zuletzt aufgrund vermehrter Homeoffice-Arbeitszeiten. Dem Abschätzen der Vor- und Nachteile verschiedener Formen kommt deshalb eine große Bedeutung zu. Die vorherrschende Meinung, dass virtuelle Kooperation gegenüber einem räumlich und zeitlich gebundenen Vorgehen flexibler und weniger hierarchiegeprägt ist, aber höhere Anforderungen an die Organisation, an das Vertrauen innerhalb der Gruppe und an eine gemeinsame Sprache stellt, lässt sich anhand eigener Erfahrungen diskutieren. Außerdem lassen sich viele weitere Parameter in Selbstversuchen testen, zum Beispiel Spontanität, Kreativität und Tiefgang der einzelnen Beiträge, die Gefahr von Missverständnissen oder von ortsbedingtem Ablenkungspotenzial.

Schlusswort

Gestern: Der Vater lenkt den Wagen. Neben ihm sitzt die Mutter. Auf der Rückbank sitzen die drei Kinder. Sie schauen teils interessiert, teils etwas gelangweilt aus dem Fenster. Sie betrachten die Landschaft, kommentieren entgegenkommende Fahrzeuge und stellen viele Fragen, die von den Eltern mehr oder weniger geduldig beantwortet werden.

Heute: Die Mutter steuert den Wagen. Der Vater sitzt daneben, liest und beantwortet E-Mails auf seinem Smartphone. Auf der Rückbank sitzen die drei Kinder. Ein Kind hört im Halbschlaf Musik, ein anderes verfolgt gelangweilt einen Film auf seinem Tablet. Das Dritte versucht verbissen, das nächste Level seines Computerspiels zu erreichen. Der große Wasserfall auf der rechten Talseite findet keine Beachtung.

Morgen: Ein Besuch bei der Großmutter ist längst fällig. Der Vater bestellt auf 11 Uhr ein iCar, das die drei Kinder zu Hause abholt. Die Zieladresse hat er online an die Zentrale übermittelt. Im selbstfahrenden Wagen werden automatisch die Lieblingssendungen und -spiele der Kinder aufgeschaltet. Die Mutter steigt beim Fitnesscenter zu, der Vater wird sich bei der Großmutter über Videotelefonie dazuschalten.

Die drei Blitzlichter auf einen Familienausflug zeigen, dass sich die Welt derzeit stark verändert. Als Leserin und Leser stimmen sie der Feststellung, dass sich neue Technologien entwickelt haben, sicher zu.

Aber auch das Verhalten unserer Kinder und das von uns Erwachsenen selbst hat sich grundlegend verändert. Wie gehen wir mit diesem Wandel in der Schule um? Mit pädagogischen Rezepten aus der Vergangenheit? Mit Verboten? Muss das »System Schule« neu gedacht werden?

Es gibt Menschen, die Veränderungen verteufeln. Das ist verständlich. Die eigene Geschichte ist dank gesammelter Erfahrungen und diverser Lernprozesse immer auch ein wenig Heimat. Veränderungen erfordern jedoch Entwicklung, wodurch die Angst, dass bisheriges Wissen und erlangte Fähigkeiten nicht mehr ausreichen, ausgelöst werden kann. Wer sich von den Entwicklungen abkapselt, wird jedoch die Distanz zwischen der Realität und der eigenen Welt immer deutlicher spüren. Die Feststellung, dass Absenz von den digitalen Entwicklungen zu einer neuen Form von Analphabetismus führt, ist nicht übertrieben.

Die Kinder mit den Kopfhörern und Computerspielen auf der Rückbank eines Wagens verkörpern ein Stück der Welt von heute. Der Versuch, die Kinder davon zu überzeugen, das Reisen bewusster wahrzunehmen und sich damit auseinanderzusetzen, ist wahrscheinlich zum Scheitern verurteilt. Neue Generationen haben andere Interessen und Wertvorstellungen, die die Schule berücksichtigen muss.

Zugegeben: Wer ein Buch über eine künftige Entwicklung schreibt, maßt sich etwas an. Die Autoren haben sich auf Aussagen gestützt, die namhafte Institutionen über die künftig verlangten Kompetenzen gemacht haben. Sie sind sich einig, dass die Schule und der gegenwärtige Unterricht noch nicht ausreichend mit dem zu tun haben, was auf die jungen Leute in den letzten Jahren zugekommen ist und in den nächsten Jahren zukommen wird. Die Gegenwart sieht noch allzu oft so aus, dass wir junge Leute mit Rezepten von gestern für die Welt von morgen ausbilden. Mit dieser Herausforderung sind wohl alle konfrontiert, die in der Ausbildung tätig sind. Vielleicht ist man als Lehrperson dem Gestrigen auch in der Überzeugung zugetan, die Mission bestehe darin, Traditionen und Werte, ja sogar die Kultur zu retten. Auch wenn die löbliche Absicht dahinter nicht verkannt werden soll, fragen wir uns wie Romulus in Friedrich Dürrenmatts »Romulus der Große«, ob Kultur etwas ist, das man retten kann?

Man könnte vermuten, dass sich bei diesem Buch zwei Autoren mit einem etwas bescheidenen Geschichtsbewusstsein getroffen haben. Dem ist nicht so. Wir haben uns nicht einfach von allem losgesagt, was an didaktischen Theorien und Ideen vorhanden ist. Wir sind mit Douglas Rushkoff der Meinung, dass in den sozialen Medien die Gegenwart überbewertet wird. Dieses übersteigerte Verhältnis zur Gegenwart mag für Verliebte gelten, aber nicht für vernunftbestimmte Wesen, zu denen wir uns in aller Bescheidenheit zählen. Wir halten es vielmehr mit Ernst Bloch und seinem Leitsatz »Zukunft braucht Herkunft«. Allerdings sind wir der Überzeugung, dass der Wandel von der Buch- zur Informationsgesellschaft längst begonnen hat und dass er in den Schulen nicht einfach durch das Arbeiten mit digitalen Werkzeugen, E-Lehrmitteln und E-Learning vollzogen wird. Der Wechsel beginnt im Kopf und er wird sich – spätestens im Rückblick – als radikal erweisen. Wo genau die Schule in 20 Jahren stehen wird, ob Unterricht in Klassenräumen stattfinden wird, ob Lehrende und Lernende sich nur noch zu kurzen Besprechungen treffen, ob die Treffen vorwiegend online stattfinden oder ob Unterricht weiterhin regelmäßig als Präsenzunterricht erlebt wird, bleibt offen.

Wir sind selbst pädagogisch tätig und haben uns gefragt, ob es legitim ist, ein Buch darüber zu schreiben, wie man junge Menschen auf das »Rattenrennen« vorbereitet. Sind wir nicht längst auf der »road to nowhere«, die die Rockgruppe »Talking Heads« in den 80er-Jahren besungen hat? Ist nicht eine Umkehr oder gar eine Verweigerung gefragt? Das sind tief reichende Fragestellungen und ja, wir finden auch, dass uns die Wirtschaft, die wenig Interesse am leiblichen und seelischen Wohl des Individuums zu haben scheint, den Takt vorgibt. Wir finden auch, dass angesichts einer Vielzahl großer globaler Probleme ein einfaches Facelifting im Sinne von minimalen unterrichtlichen Anpassungen nicht hilft. Wir bauen aber darauf, dass sich die Menschen ihr Potenzial an Fantasie, an individuellen Freiheiten und an Kreativität bewahren und dass sie dieses einsetzen werden, wenn sie die Richtung ändern oder Zustände verbessern wollen. Egal, ob es darum geht, etwas zu bewahren oder darum, etwas zu verändern, digitale Kompetenz ist eine wichtige Voraussetzung dafür.

Beat Döbeli Honegger

Mehr als 0 und 1

Schule in einer digitalisierten Welt

Die Digitalisierung – also Verarbeitung, Übermittlung und Speicherung von Daten mittels 0 und 1 – verändert nicht nur Wirtschaft, Gesellschaft, Kultur und Privatleben, sondern stellt auch die Schule vor grundlegende Herausforderungen: Welche Kompetenzen sind gefragt, wenn Schülerinnen und Schüler Google in der Hosentasche haben? Welche Voraussetzungen sind für deren Vermittlung notwendig?

Laut Beat Döbeli Honegger sind aktuelle Diskussionen um Tablets und interaktive Wandtafeln in Schulen nur Oberflächenphänomene eines weit grundlegenderen Leitmedienwechsels vom Buch zum Computer als konvergentem Meta-Medium. In seinem Buch skizziert Beat Döbeli Honegger die Grundzüge dieses Leitmedienwechsels und dessen Bedeutung für die Bildung. Darauf aufbauend plädiert er für eine Schule, die einerseits digitale Kompetenzen in allen Facetten vermittelt und in der digitale Medien alltäglich sind, die andererseits aber insbesondere auch menschliche Fähigkeiten fördert, die der Computer nicht bieten kann: Kreativität, Teamfähigkeit und interdisziplinäre Herangehensweise. In einer digitalisierten Welt kommt eine Schule nicht ohne WWW aus: Den »Willen« der Lehrperson, sich auf die Digitalisierung einzulassen, das »Wissen«, wie dies zu tun ist, und die digitalen »Werkzeuge« für alle Lernenden.

www.hep-verlag.com/mehr-als-0-und-1

Fabia Hartwagner, Martin Blatter (Hrsg.)

Digitale Lehr- und Lernbegleiter

Mit Lernplattformen und Web-2.0-Tools wirkungsvoll Lehr- und Lernprozesse gestalten

Möchten Sie in Schule, Aus- oder Weiterbildung erfolgreich Web-2.0-Tools einsetzen? Suchen Sie Anregungen für einen innovativen und sinnvollen Umgang mit Lernplattformen? In diesem Buch finden Sie viele Hinweise und Tipps für die Planung und Gestaltung von Online-Lerneinheiten. Schöpfen Sie aus dem reichen Fundus von über siebzig wirkungsvollen und packenden Best Practices und Good Practices, um Lehr- und Lernprozesse zu optimieren. Grundlagenartikel zum mediengestützten Lehren und Lernen auf Sekundarstufe II und im Tertiärbereich sowie überraschende Resultate einer Webumfrage unter Studierenden zu ihrem Medienverhalten ergänzen den Band.

www.hep-verlag.com/digitale-lehr-lernbegleiter

Andreas Belwe, Thomas Schutz

Smartphone geht vor

Wie Schule und Hochschule mit dem
Aufmerksamkeitskiller umgehen können

Technologien beeinflussen zunehmend Wahrnehmung und Denken eines
Menschen. Das Smartphone bestimmt den Alltag der jüngeren Generationen. – Ausgehend von diesen Tatsachen befassen sich die Autoren Andreas
Belwe und Thomas Schutz in ihrem Buch »Smartphone geht vor – Wie Schule und Hochschule mit dem Aufmerksamkeitskiller umgehen können« mit der
Frage, welche Schwierigkeiten das Nebeneinander der drei Generationen
X, Y und Z mit sich bringt und was passiert, wenn die ältere Generation X
die digital geprägten Generationen Y und Z unterrichtet. Digitale Technologien haben die Art und Weise des Kommunizierens, Lernens und Arbeitens
grundlegend und unwiderruflich verändert. Aber die größten Veränderungen
sind nicht die Technologien an sich, sondern die Tatsache, dass die Generationen und ihre Gehirne durch jeweils andere Medien und Technologien
unterschiedlich »geformt« wurden und werden. Es stellt sich daher die Frage,
wie die Kluft zwischen traditionell und digital Lernenden zu überbrücken ist.
Neueste wissenschaftliche Erkenntnisse, erprobte Lehrstrategien, einfache
Praxisbeispiele universitären Lehrens für digital Lernende, Tipps zum Selbst-
management der Lernenden in Schule und Hochschule sollen zwischen den
Generationen X, Y und Z vermitteln.

www.hep-verlag.com/smartphone

S. 7
S. 112

Lit. angaben